Andreas Möhring

# Die Rennsteigfestung

## Kriegsende 1945 in Schmiedefeld und Frauenwald

AF156490

# Die Rennsteigfestung
## Kriegsende 1945 in
## Schmiedefeld und Frauenwald

Andreas Möhring
2. Auflage

Impressum

Dieses Werk unterliegt dem Urheberrechtsschutz. Alle Rechte verbleiben beim Verfasser. Nachdruck oder Vervielfältigung sind nur mit Genehmigung des Autors gestattet. Verwendung oder Verbreitung durch Dritte in allen gedruckten, audiovisuellen oder akustischen Medien ist untersagt. Für Druck-, Satz- und fachlich/technische Fehler wird keine Haftung übernommen.

Alle Abbildungen wurden vor der Veröffentlichung auf Urheberrechte Dritter überprüft. Sollten Sie dennoch Ihre Rechte oder die Rechte Dritter, die Sie vertreten oder sonstige juristische und rechtliche Gründe verletzt sehen, bitte ich Sie im Sinn der Schadensmilderungspflicht um eine Nachricht an den Autor.

Bibliografische Information der Deutschen Nationalbibliothek. Die Deutsche Nationalbibliothek verzeichnet diese Publikation in der Deutschen Nationalbibliografie; detaillierte bibliografische Daten sind im Internet über www.dnb.de abrufbar.

Titelbild: Archiv des Verfassers

1. Auflage 2015
2. Auflage 2015 (aktuelle Auflage)

Herausgeber: Andreas Möhring
infomail@rennsteigwerk.de
Erste Auflage, Langewiesen im April 2015
Herstellung und Verlag:
BoD – Books on Demand, Norderstedt
ISBN: 978-3-7347-6667-1

# Inhaltsverzeichnis

# Vorwort

Vor siebzig Jahren endete für Schmiedefeld und Frauenwald der Zweite Weltkrieg. Der Frieden hielt Anfang April 1945 Einzug, verbunden mit der Besetzung durch die US-Truppen sowie ab Juli 1945 durch die Rote-Armee. Viele Zeitzeugen sind seit diesen ereignisreichen Tagen verstorben, jedoch sind ihre Überlieferungen erhalten geblieben. Ziel dieses Buches ist es, die damaligen Ereignisse zu sichern und für die Einwohner der beiden Dörfer für die Zukunft zu bewahren.

Nach dem Angriff der US-Truppen auf Thüringen am 1. April 1945, wurde Suhl bereits am 3. und 4. April überrollt. Erst vor Schmiedefeld, einem Eckpfeiler der vom Gauleiter Fritz Sauckel ausgerufenen "Rennsteigfestung", wurden die US-Truppen fünf lange Tage aufgehalten und dabei in zermürbende Kampfhandlungen verwickelt. Die 11. US-Armored-Division konnte mit ihren schweren Sherman-Panzern die Waldwege und Höhenlagen des Thüringer-Waldes nicht einnehmen. Erst der Einsatz der 26. und 90. US-Infantry-Division erbrachte am 8. und 9. April 1945 den erhofften Sieg.

Die aufgefundene Aktenlage auf deutscher Seite war sehr lückenhaft. Durch den ungeordneten Rückzug der Deutschen Wehrmacht und der Angst der örtlichen Verwaltungsorgane vor den einrückenden Siegern, wurden viele Informationen in letzter Minute noch vernichtet. Weiterhin ist anzunehmen, dass auch in 40 Jahren DDR, Aktenbestände in einem beträchtlichen Umfang eliminiert wurden. Mit der Besetzung durch die US-Truppen mussten von der Bevölkerung alle Waffen, Fotoapparate, Feldstecher und Radiogeräte abgegeben werden. Hieraus resultierte, dass Fotoaufnahmen sowie Dokumentationen der Vorgänge nicht vorhanden waren. Allein auf amerikanischer Seite wurden offizielle und private Informationen gesammelt und in die Vereinigten Staaten verbracht. Manches Dokument liegt auch heute noch in amerikanischen Archiven unter Verschluss. Über den Beginn der Besetzung durch die Rote-Armee wurden nur wenige gesicherte Daten gefunden. Hieraus resultierte die Angst der Dorfbewohner vor den "Russen"!

Anhand der aufgefundenen Akten wurde in verschiedenen in- und ausländischen Archiven versucht, diese Geschichtsaufarbeitung in einer neuen Art und Weise zu gestalten. Insbesondere wurden die After-Action-Reports der US-Armee, die geheimen Lageberichte des Oberkommandos der Wehrmacht und verschiedene Informationen aus Gemeinde- und Kreisarchiven mit einbezogen. Zur besseren Darstellung wurden alle Informationen aus gesicherten Quellen kursiv abgedruckt.

Alle überlieferten Aussagen der damaligen Zeitzeugen wurden auf ihren Wahrheitsgehalt überprüft. Es lässt sich jedoch nicht ausschließen, dass verschiedene Personen die Ereignisse im März und April 1945 einer unterschiedlichen Interpretation unterzogen sowie eine Legendenbildung über die Nachkriegsjahre ihren Fortgang nahm. So wurden zum Beispiel die Wetterverhältnisse Anfang April 1945 von deutscher und amerikanischer Seite als kalt und schneereich beschrieben. Im Gegensatz dazu äußerten sich die Schmiedefelder Zeitzeugen zu einem schönen Frühling. Für den Autor bestand nur die Möglichkeit, auf diese Aussagen und Informationen zurückzugreifen. Aus diesem Grund ist eine kritische Betrachtung der dargestellten Vorgänge durch die werte Leserschaft ausdrücklich erwünscht. Konstruktive Hinweise, eigene oder überlieferte Erlebnisberichte, Dokumente, Fotos und jede noch so kleine Information sind zur weiteren Recherche von hoher Wichtigkeit, um diese Publikation auch in Zukunft weiter voranzutreiben. Alle Hinweise werden gerne über die im Impressum hinterlegten Kontaktdaten entgegengenommen. Originale Dokumente werden auf keinen Fall beansprucht, eine Kopie oder ein Scan sind völlig ausreichend.

Dieses Buch soll keine Wertung der damaligen politischen und gesellschaftlichen Verhältnisse darstellen. Es entzieht sich ebenfalls einer Beurteilung des damals begangenen Unrechts, sowohl aufseiten der Sieger wie aufseiten der Besiegten. Das Ziel des Autors besteht in einer politisch neutralen Aufarbeitung der aufgefundenen Informationen, einer Bewahrung für kommende Generationen und der Mahnung zur Erhaltung des Friedens. Nicht vergessen werden soll das Gedenken an alle Menschen, die ihr Leben zur Beendigung des Zweiten Weltkrieges gaben und auch an die Personen, denen ihr Leben gewaltsam und unter Zwang genommen wurde.

Meinen herzlichen Dank möchte ich ohne die Benennung einzelner Namen allen Personen aussprechen, die mir bei der Realisierung dieser Geschichtsaufarbeitung uneigennützig behilflich waren. Somit ist niemand vergessen. Ein herzlicher Dank soll auch an meine Freunde auf der anderen Seite des Atlantiks gehen, die mich nie als einen Nachkommen des damaligen Feindes betrachteten, sondern mich in diversen Emails mit der Bezeichnung "Mein Freund" ansprachen.

Langewiesen im April 2015
Andreas Möhring

# Kapitel 1
## Truppenteile, die am Kampf um die Rennsteigfestung beteiligt waren

Im März und April 1945 war die Kampfkraft der Deutschen-Wehrmacht auf ein Minimum gesunken. Die Dauer des Krieges, der immer größere Ausfall an Soldaten und Gerät sowie die Übermacht der alliierten Truppen schwächten die deutschen Einheiten zusehends. Geordnete Truppenverbände konnten nicht mehr aufgestellt werden. Es wurden versprengte Wehrmachtseinheiten, der Volkssturm und die HJ[1] zur Verteidigung der Frontlinie eingesetzt. Ohne Ausbildung und Kampfmoral war eine Verbesserung der strategischen Lage undenkbar. Aus Berichten amerikanischer Einheiten ging hervor, dass nur noch Jugendliche oder „Kinder" der HJ sich todesmutig mit der Panzerfaust den alliierten Truppen entgegenstellten und dafür oft mit ihrem Leben bezahlen mussten. Ausgebildete Soldaten versuchten einfach nur ihr Leben durch ein Zurückweichen vor dem Feind zu schützen.

**Abbildung 1: Vormarsch der US-Division auf der Autobahn .**

In der Nacht vom 22. zum 23. März 1945 überschritten die ersten Einheiten der 3. US-Armee unter dem Kommando von Lieutenant-General George Smith Patton Jr. den Rhein. Bereits am 1. April, also elf Tage später, standen die Panzerspitzen des XII. US-Corps an der Grenze Thüringens, im Raum Fulda-Bad-Hersfeld-Herleshausen-Eisenach. Weitere zwei Tage später, am 3. April wurde Suhl durch die 11. Armored-Division angegriffen und am 4. April komplett besetzt. In nur 10 Tagen legten diese hoch motorisierten Panzer-Divisionen eine Marschleistung von 280 km zurück. Für die rund 13 km von Suhl nach Schmiedefeld benötigen die Amerikaner dagegen ca. 5 Tage.

Das Gebiet des Rennsteiges, von den Höhenlagen um Schmiedefeld und Oberhof, bis hin nach Ilmenau und Tambach/Dietharz, wurde vom Thüringer Gauleiter und Reichsstatthalter Fritz Sauckel zur "Rennsteigfestung" erklärt. Dort sollten in den engen Tälern und steilen Berghängen die motorisierten US-Divisionen aufgehalten werden und die deutschen Formationen zu einer neuen Verteidigungslinie, der sogenannten "Rennsteiglinie" aufgestellt werden. Schmiedefeld bildete in dieser Planung einen Eckpfeiler der "Rennsteigfestung". Erfolglos versuchte die 11. Armored-Division[2] mit ihren modernen Sherman-Panzern Schmiedefeld zu erobern. Des Weiteren versuchten sich auch die 26. und die 90. Infantry-Division an diesem Kampfziel, jedoch bis zum 8. April erfolglos. Schwache deutsche Verbände bezeichnet als Division oder Kampfgruppe, Volkssturm, HJ und teilweise Verbände aus Kindersoldaten stellten sich dieser militärischen Übermacht zäh verteidigend gegenüber. Man machte sich die Geländebedingungen des Thüringer Waldes zunutze und operierte oft aus einer guten Deckung oder auch aus dem Hinterhalt. Die gewohnte Luftaufklärung konnten die Amerikaner nicht strategisch einsetzen, da der Gegner, verborgen in den dichten Wäldern, aus der Luft kaum aufzuspüren war. Aus diesem Grund setzten die US-Befehlsstände Luftschläge und Artillerieüberfälle auf einzelne Walddörfer ein. Diese Vorgehensweise hatte wenig strategischen Erfolg, hier traf es nur unschuldige Dorfbewohner. Am 7. April führten US-Aufklärungsflugzeuge eine Geländeaufklärung im Auftrag der 11. Armored-Division durch. Zur gleichen

---

[1] HJ: Hitlerjugend
[2] Armored-Division: Panzer-Division. Bei der Benennung von US-Einheiten werden die originalen Bezeichnungen in englischer Sprache wiedergegeben, so im gesamten Text weiter folgend.

Zeit sammelte sich der Suhler und Schmiedefelder Volkssturm auf dem Schmiedefelder Sportplatz. Diese "Truppenansammlung" deuteten die Amerikaner als Aufmarsch von SS-Truppen, die Suhl zurückerobern wollten. Daraufhin reagierten die US-Befehlsstellen mit einem Luft- und Artillerieangriff am 7. April sowie am 8. April mit dem Einsatz von zwei Infantry-Divisionen, um Schmiedefeld, den Eckpfeiler der Rennsteigfestung, ins Wanken zu bringen. Für Schmiedefeld bedeutete dieser Sieg der US-Truppen jedoch den Frieden nach vielen Jahren Leid, Elend und Krieg. Frauenwald wurde durch Artillerie und Panzerbeschuss angegriffen und wies einen höheren Zerstörungsgrad als Schmiedefeld auf.

Die US-Soldaten taten ihre Pflicht zur Wiederherstellung des Weltfriedens und zur Vernichtung des Hitlerregimes. Nicht vergessen werden soll, dass auch die US-Truppen bei diesen Kampfhandlungen Verluste zu verzeichnen hatten. Diese wurde nicht öffentlich benannt, konnten aber im Nachgang teilweise ermittelt werden.

**Abbildung 2: US-Vormarsch auf der Autobahn 4 bei Sättelstädt.**

**Abbildung 3: US-Vormarsch auf der Autobahn 4 an den Drei-Gleichen.**

**Truppenverbände der deutschen Wehrmacht zur Verteidigung der "Rennsteigfestung"**

Heeresgruppe-G

Am 28. April 1944 wurde in Frankreich der Stab für die sogenannte „Armeegruppe-G" gebildet und am 12. September 1944 wurde diese in „Heeresgruppe-G" umbenannt (HrG-G). Die Kapitulation der gesamten Heeresgruppe-G erfolgte am 5. Mai 1945 in Haar bei München. Als Befehlshaber wurden benannt:
- 29. Januar 1945 - 4. April 1945: Generaloberst der Waffen-SS Paul Hausser
- 5. April 1945 - 5. Mai 1945: General der Infanterie Karl Friedrich Wilhelm Schulz

**Abbildung 4: Befehlshaber der Heeresgruppe G. Generaloberst Paul Hausser und General Karl Friedrich Wilhelm Schulz.**

7. Armee

Das Gebiet des Thüringer Waldes verteidigte die 7. Armee. Diese war ab April 1945 der Heeresgruppe-G unterstellt. Der Kampfverband war somit der direkte Gegner der 3. US-Armee unter Lieutenant-General George Smith Patton. Dem Verband der 7. Armee waren im April 1945 folgende Einheiten unterstellt:
- 90. Armee-Korps
- 85. Armee-Korps mit der „Kampfgruppe Schroetter" sowie Resten der 11. Deutschen-Panzer-Division
- 12. Armee-Korps mit der „Kampfgruppe von Berg" sowie Teile der 2. Deutschen-Panzer-Division
- 82. Armee-Korps mit der 36. Volksgrenadier-Division, Resten der 256. Volksgrenadier-Division und der 21. Flak-Division
- 6. SS-Gebirgs Division „Nord"

Befehlshaber für den Zeitraum vom 25. März 1945 bis zur Kapitulation war General der Infanterie Hans von Obstfelder. Er wurde am 6. September 1886 in Steinbach/Hallenberg geboren und verstarb am 20. Dezember 1976 in Wiesbaden.

**Abbildung 5: Links General der Infanterie Hans von Obstfelder, Oberbefehlshaber der 7. Armee.**

Bericht des Generalmajors Rudolf Christoph Freiherr von Gersdorff, Chef des Generalstabes der 7. Armee zur strategischen Lage im April 1945[3]

*„(Zitat) Am 4. April waren die im nordwestlichen Teil des Thüringer Waldes eingesetzten Infanterie-Divisionen des LXXXV AK (85. Armee-Korps) durchbrochen worden und kämpften noch tagelang ohne Verbindung weiter. Jedoch der Kern des Gebirgszuges, der Raum Friedrichroda-Oberhof, wurde von der 11. Panzer-Division der Wehrmacht gehalten. Als eine der in den Raum Gotha vorstoßenden amerikani-*

---

[3] General von Gersdorf. Die 7. Armee in der Endphase des Krieges, Bundesarchiv-Militärarchiv ZA 1/144.

*schen Panzer-Divisionen (4. Armored-Division) Ohrdruf von Norden nahm, kämpfte die schwache deutsche Panzerdivision auf den Passhöhen nach zwei Seiten. In zahlreichen örtlichen Gegenstößen gelang es der Division immer wieder, sich Luft zu verschaffen und die erfolgreiche Verteidigung unter Ausnutzung der Geländevorteile fortzusetzen. Die Verteidigung des Thüringer Waldes durch die 11. Deutsche-Panzer-Division stellte einen letzten Beweis kämpferischen Einsatzes und Könnens der deutschen Truppe dar. Inzwischen war die 11. Armored-Division an Meiningen vorbeigestoßen und hatte die nur schwach gesicherten Industriestädte Suhl und Zella/Mehlis genommen. Das unermüdliche XII. AK (12. Armee-Korps) baute darauf in der Linie Ilmenau-Schleusingen-Themar-Untermaßfeld eine neue Abriegelungsfront mit neu gesammelten Kräften auf. Es war verblüffend, wie das XII. AK immer wieder neue Abwehrkräfte und Stäbe organisierte. Darüber hinaus stelle es sogar eine Angriffsgruppe zusammen, mit der versucht wurde, im Angriff die Verbindung mit Meiningen wieder herzustellen. Jedoch scheiterten diese Versuche an der Überlegenheit des Gegners.*

*Am 6. April konnte die dünne Abriegelung südwestlich von Ilmenau die Einbrüche der 11. Armored-Division nicht verhindern. In den folgenden Tagen zeichnete sich immer deutlicher ab, dass der Gegner seinen Einbruch zunächst wenigstens nach Süden auszuweiten versuchte, offenbar, um die westlich und an der Fränkischen-Saale kämpfenden Truppen abzuschneiden."*

**Abbildung 6: Generalmajor Freiherr von Gersdorff, Chef des Generalstabes der 7. Armee.**

Durch eine theoretische Achse von Schmiedefeld über Königsee bis nach Bad-Blankenburg wurden verschiedene Truppenverbände aufgeteilt. Südlich dieser Achse kämpfte das XII. Armee-Korps (12. Korps), hier hauptsächlich die Kampfgruppe von Berg mit der 2. Deutschen-Panzer-Division. Im nördlichen Bereich kam das LXXXV. Armee-Korps (85. Korps) mit der Kampfgruppe Schroetter und den Resten der 11. Deutschen-Panzer-Division zum Einsatz.

XII. Armee-Korps

Unterstellt war das XII. Armee-Korps vom 28. März 1945 bis zu Kapitulation dem General der Artillerie Herbert Osterkamp. Er wurde am 7. Mai 1894 im Hamm/Sieg geboren und verstarb am 17. März 1970 in Dortmund.

Kampfgruppe (Division) Kurt von Berg als Truppenteil des XII. Armee-Korps

Befehlshaber der Kampfgruppe war Generalleutnant Freiherr Kurt von Berg. Er wurde am 26. Juli 1886 in Offenburg geboren und verstarb am 15. März 1952 in Freiburg/Breisgau. Am 1. Januar 1945 wurde er zum Kommandeur der „Division von Berg" ernannt und führte diese bis zur Kapitulation im Mai 1945. Kurt von Berg geriet in westalliierte Gefangenschaft, aus der er 1947 entlassen wurde. Als direkter Gegner der 11. Armored-Division wurde von dieser Einheit die Hauptlast im Kampf um Suhl und Schmiedefeld getragen. Nach dem Südschwenken der 11. Armored-Division trat ihr die 26. Infantry-Division als Gegner entgegen. Folgendes konnte aus den Memoiren des Generals Kurt von Berg zur damaligen Situation ermittelt werden: [4]

---

[4] Generalleutnant Kurt von Berg. Division von Berg, Feldzug in Mitteldeutschland, Bundesarchiv-Militärarchiv ZA 1/146.

„(Zitat auszugsweise) Mein Stabsquartier war Hilders. Bei der Schilderung des weiteren Verlaufs des Feldzuges kann ich mich unverhältnismäßig kurzfassen, da mir größere Truppenteile nicht mehr unterstellt werden konnten. Ich war vielmehr genötigt, nur mit fast täglich wechselnden kleineren Einheiten, die mir örtlich unterstellt wurden oder die ich gesammelt hatte, den Kampf zu führen. Mehr als schwache Sicherungslinien oder Stützpunkte aufzubauen war nicht möglich.

Der Volkssturm versagte, wie vorauszusehen, auch bei guten Handwaffen als Kampftruppe vollständig. Immerhin konnte er mit Erfolg zum Schließen von Sperren verwendet werden. Seine Waffen wurden (!), soweit nötig, zur Bewaffnung Versprengter benutzt. Auch die Ergänzung meines Stabes konnte nur allmählich erfolgen. Das die Sicherungslinien während des Feldzuges nie durchbrochen wurden, lag meines Erachtens daran, dass die Hauptstoßrichtung der Amerikaner nicht bei uns lag und an deren, besonders infanteristisch, sehr zögerlichen Vorgehen. Hierbei kann ich feststellen, dass der deutsche Infanterist und Pionier, auch bei sehr starker zahlenmäßiger Überlegenheit der Amerikaner, sich dem amerikanischen Infanteristen nie unterlegen fühlte.

Ein schwächerer amerikanischer Durchbruchsversuch bei Schleusingen, auf den ich später noch zurückkomme, wurde unter amerikanischen Verlusten abgewiesen und nicht mehr erneuert. Am 30. März 1945 erhielt ich vom Korps-Kommando XII den Befehl, den Nordrand der Rhön in der Gegend von Vacha zu halten und Verbindung mit dem Nachbarn (LXXXV. Armee-Korps) herzustellen. Die Trennungslinie zum LXXXV. Armee-Korps war die Werra. Der Divisionsgefechtsstand befand sich am 31. März früh in Sünna und abends in Dietlas. Mithilfe einer von mir unterwegs aufgefangenen Heeres-Flak-Batterie und deren Besatzung in Stärke etwa 2 bis 3 zusammengestoppelten Kompanien mit einigen schweren Waffen und versprengten Truppen, gelang der Aufbau einer schwachen Sicherung mit einzelnen Stützpunkten in der ungefähren Linie: Höhenrücken südlich Philippsthal-Mühlwärts (westlich von Hüttenroda).

Am Abend des 1. April erhielt ich den Befehl, den Stab nach Wasungen zu verlegen, anscheinend infolge des amerikanischen Vorstoßes nördlich von uns. Die Truppen wurden zurückgezogen, zunächst bis zum Abschnitt am Fluss Felda und von dort in die Gegend Breitungen-Schmalkalden. Am 2. April früh befehlsmäßige Verlegung des Stabes nach Gethles (westlich Schleusingen). Die vorn eingesetzten Truppen kamen größtenteils nicht in den neuen Abschnitt Meiningen-Kloster/Veßra. Dieser Abschnitt wurde stützpunktartig ausgebaut, da schon am 2. April eine Bedrohung Meiningens in Erscheinung trat.

Nachdem erkannt war, dass die amerikanische Stoßrichtung auf Zella/Mehlis-Suhl zielte, wurde der Anschluss an die nördlich Schmiedefeld stehende Kampfgruppe Schroetter von Kloster Veßra über Schleusingen-Hinternah nach Schmiedefeld hergestellt und dieser Abschnitt gleichfalls besetzt und notdürftig gesperrt. Die Kampfgruppe Schroetter hielt den rechten Flügel des XII. Armee-Korps. Die Trennungslinie mit der Kampfgruppe Schroetter verlief von Schmiedefeld (wo ich Anschluss fand) über Gehren bis Bad-Blankenburg. Vorhandener Volkssturm erhielt den Befehl vorbereitete Sperren zu schließen und zu bewachen. Die motorisierte Pionier-Kompanie wurde Divisionsreserve. Meiningen fiel, meiner Erinnerung nach am 5. April. Der Vorstoß durch die Amerikaner von dort aus und auch nördlich ausholend aus Richtung Themar brachte am gleichen Tag und am 6. April die Ortschaften Themar und Einhausen in ihren Besitz, wobei die Werferbatterie verloren ging. Ein vom Korps-Kommando XII am 5. und 6. April mit der 413. Division geführter Angriff aus südwestlicher Richtung auf Meiningen und damit auf die rückwärtigen Verbindungen der Amerikaner brachte eine Entlastung und veranlasste die Amerikaner, Panzerkräfte als Stoßtruppe heranzuziehen (gemeint war die 416. Infanterie-Division unter Generalmajor Theilacker, Anmerkung des Verfassers).

Vor der Front Kloster/Veßra-Hinternah-Schmiedefeld blieb es bis zum 6. April ruhig. An diesem Tag drangen Panzer von Norden her in Schleusingen ein. Die Amerikaner besetzten die Stadt nördlich des Nahebaches. Trotz dieser Besetzung hatte ich längere Zeit Fernsprechverbindung mit dem dortigen Kampfkommandanten, da nur ganz zögernd an die Säuberung der Stadt von deutschen Truppen herangegangen wurde. Das sorglose Verhalten der Amerikaner, die Offiziere gingen ins Hotel zum Essen, veranlasste mich einen Gegenstoß mit der Motorisierten-Pionier-Kompanie, der vollständig und verlustlos gelang. Einige Panzer wurden vernichtet, Kraftwagen und Material erbeutet. Die Stadt selbst ließ ich wieder räumen.

Infolge des Vorstoßes der Amerikaner am 7. April beim rechten Nachbarn und Zurücknahme der dortigen Stellung wurde meine Sicherungslinie über Gießübel bis Großbreitenbach verlängert. Neue Trennungslinie zur Kampfgruppe Schroetter war das Schwarzatal. Die Verlegung des Divisionsgefechtsstandes erfolgte an diesem Tag nach Biberschlag. Die Amerikaner fühlten an meiner ganzen Front sehr zögernd vor, sodass die schwachen Sicherungen nur ganz allmählich schrittweise zurückgehen mussten. Auch griff amerikanische Artillerie ins Gefecht ein, die Wirkung war unbedeutend. Am 7. April drangen sie mit *schweren Kräften in Waldau ein, räumten den Ort aber wieder, als, unterstützt von zwei mir unterstellten Werferbatterien, starke Spähtrupps dagegen vorgingen. Amerikanisches Artilleriefeuer auf die Werferstellungen hatte nur unbedeutende Wirkung. Der Divisionsgefechtsstand blieb bis 9. April in Biberschlag. Der amerikanische Druck verstärkte sich vor meiner Front nicht wesentlich, dagegen beim nördlichen Nachbarn. Ich erhielt am 9. April den Befehl, die Front auf den linken Flügel, etwa westlich Hildburghausen-Waldau, zurückzunehmen, was ohne Schwierigkeiten gelang. Der Divisionsgefechtsstand befand sich in Fehrenbach."*

**Abbildung 7: Generalleutnant Kurt von Berg.**

LXXXV. Armee-Korps

Unterstellt war das LXXXV. Armee-Korps vom 29. März 1945 bis 7. Mai 1945 dem General der Panzertruppen Smilo Freiherr von Lüttwitz. Er wurde am 23. Dezember 1895 in Straßburg/Elsas geboren und verstarb am 19. Mai 1975 in Koblenz. Von Lüttwitz geriet am 9. Mai 1945 in amerikanische Gefangenschaft, aus der er im Jahr 1947 entlassen wurde.

Kampfgruppe Schroetter und die 11. Panzer-Division als Truppenteil des LXXXV. Armee-Korps

Den Raum nördlich der Achse Schmiedefeld-Bad/Blankenburg verteidigte die Kampfgruppe Schroetter mit Resten der 11. Deutschen Panzer-Division. Somit waren diese Verbände die direkten Gegner der 4. und der 11. Armored-Division. Auf ihrem Rückzug wurden Soldaten dieser Einheit auch zur Verteidigung des "Gustloff-Rennsteigwerkes" Schmiedefeld mit eingesetzt.
Befehlshaber dieser Kampfgruppe war Generalleutnant Dipl.-Ing. Josef Schroetter. Er wurde am 8. März 1891 in Köln geboren und verstarb am 6. April 1972 in Frankfurt am Main. Am 1. Januar 1945 wurde er zum Kommandeur der „Division Schroetter" ernannt und führte sie bis zur Kapitulation im Mai 1945. Josef Schroetter geriet in amerikanische Gefangenschaft, aus der er 1947 entlassen wurde.
Die 11. Panzer-Division wurde am 1. August 1940 aufgestellt. Kommandierender Offizier war vom 10. August 1943 bis zur Kapitulation 1945 Generalleutnant Wend von Wietersheim. Er wurde am 18. April 1900 in Neuland/Schlesien geboren und verstarb am 19. September 1975 in Bonn. Ab Mitte Januar 1945 kämpfte die 11. Panzer-Division im Raume Saar-Mosel. Danach erfolgte die Verlegung nach Süden mit Kämpfen um die Brücke von Remagen. Nach schweren Verlusten wurde der Rückzug über Vogelsberg-Fulda-Eisenach bis in die Nähe von Ohrdruf-Arnstadt-Ilmenau fortgesetzt. Letzte Kämpfe erfolgten nördlich von Passau. Am 2. Mai kapitulierte die 11. Panzer-Division.

*Bericht über den Kampfverlauf vom 1. April bis 9. April 1945[5]*

*„(Zitat auszugsweise) Auf Befehl des Korpskommandos Wehrkreis XII, General der Artillerie Osterkamp, übernahm ich in der Nacht vom 31.3. auf den 1.4. den Kampfabschnitt Oberhof-Schmiedefeld. Kampfgruppen-Gefechtsstand war Unter-Pörlitz, 2 km nördlich Ilmenau.*
*Kampfgruppenauftrag: Die befohlene Linie im Zuge des Rennsteigs ist mit allen Mitteln zu halten!*

---

[5] US-NARA, Generalleutnant Josef Schroetter, Bericht über den Kampfverlauf vom 1.4.45-9.4.45

*Am 1.4. ging die rechts von mir eingesetzte, aus dem Westen kommende 11. Panzer-Division auf die allgemeine Linie Tambach/Dietharz-Oberhof zurück. Durchgebrochene amerikanische Panzerverbände besetzten von Georgenthal und Crawinkel kommend Ohrdruf.*

*XII Armeekorps befiehlt folgende Trennungslinie:*

<u>*Rechte,*</u> *zugleich Korpsgrenze zur 11. Panzer-Division: Oberhof-Frankenhain-Gossel-Bittstädt-Molsdorf*

<u>*Linke*</u> *Grenze zur Division von Berg: Frauenwald-Gehren-Königsee-Bad/Blankenburg. Arnstadt, Ilmenau und Gehren wurden zu festen Plätzen erklärt mit mündlichem Zusatzbefehl:*

*1. Der Widerstand und die Panzerabwehr ist grundsätzlich zur Schonung von Leben und Eigentum der Zivilbevölkerung aus den Ortschaften und von den Ortsausgängen weg in das freie Gelände zu verlegen.*
*2. Es sind nur Brücken und lebenswichtige Versorgungseinrichtungen, Kraftwerke usw. zu zerstören, wenn wichtige Notwendigkeit dazu vorliegt.*

*Zur Durchführung meines Kampfauftrages unterstanden mir 3 Bataillone mit 700 bis 800 Waffenträgern, ausgefüllt durch Rückzügler der von Westen kommenden Kampftruppe. Zu ihnen traten noch hinzu etwa 1.500 bis 2.000 Mann des ortsgebundenen Volkssturms; insgesamt 4.500 Mann. An Waffen besaß die Kampfgruppe nur Gewehr 98 und etwa 25 Maschinengewehre und einige Maschinenpistolen. Die Ausstattung mit Panzerfäusten war ausreichend. Gut ausgerüstet war lediglich die um Punkt 965 (Schmücke) stehende Kompanie der Fahnenjunker-Schule Gera. Alles im Russlandfeldzuge erfahrene Unteroffiziere und Feldwebel. Schwere Waffen waren keine vorhanden. Moral, Stimmung und Kampffreudigkeit der Truppe war gut, zu mal ein erfolgsversprechender Vorstoß eigener Panzerverbände aus Richtung Weimar-Erfurt in die Feindflanke für den 5.4. angekündigt war.*
*Der Gesamtabschnitt war in 3 Abschnitte unterteilt.* <u>*Abschnitt rechts:*</u> *der feste Platz Arnstadt mit den Ortschaften Gossel und Frankenhain, mit etwa 1.500 Mann Volkssturm. Der* <u>*Abschnitt Mitte,*</u> *mit dem Gefechtsstand im Rathaus Ilmenau, mit der Fahnenjunker-Schule Gera und dem Volkssturm, etwa 1.700 Mann.* <u>*Abschnitt links:*</u> *Hirschbach-Gehren-Königsee-Bad/Blankenburg mit etwa 1.700 Mann.*
*Im Abschnitt Arnstadt erschöpfte sich der Kampf vom 1. bis 6.4. auf das Abweisen amerikanischer Aufklärungsvorstöße von der Autobahn her. Im Kampfabschnitt Mitte verlief die HKL in der allgemeinen Linie Oberhof-Zella/Mehlis-Schmücke-Goldlauter. Alle in den Verteidigungsraum führende Straßen und Wege, waren durch sachgemäß angelegte und in die Tiefe gestaffelte Panzersperren, für jegliche Panzerfahrzeuge unbrauchbar gemacht. Alle Sperren waren mit kampffreudigen Trupps bei reichlicher Ausstattung mit Panzerfäusten gesichert. In der Zeit vom 1. bis 6.4. auch hier, wie im ganzen Abschnitt rege Spähtrupptätigkeit. Vorstöße amerikanischer Panzer wurden ausnahmslos abgewiesen. Amerikanische Aufklärungsfahrzeuge wichen auffallend, einem Kampfe gegen die im Raum Schmücke eingesetzte Kompanie der Fahnenjunker-Schule Gera aus. Die verhältnismäßig geringe Kampftätigkeit der Amerikaner führte ich zurück, einmal auf das Warten auf den Anschluss an die im Raume Hildburghausen-Schleusingen kämpfenden amerikanischen Verbände sowie auf das Warten auf Nachschub. Hierbei gelegentliche Angriffe auf Schmiedefeld und Stützerbach. Erst am 7.4. erzwangen die Amerikaner durch einen Angriff mit starken Panzerkräften, gefolgt von Infanterie, die Räumung der bisherigen HKL. In beweglich geführter Verteidigung, besonders in unwegsamen Gelände, gingen die Truppen auf eine Linie Schmiedefeld-Kickelhahn-Ilmenau zurück und wehrten bis zum Abend den Gegner ab.*
*Am 7.4. um 18:00 Uhr wurden vom XII. Armeekorps die Grenzen meines Abschnitts wie folgt neu festgelegt.* <u>*Grenze rechts:*</u> *11. Panzer-Division Arnstadt-Zella/Mehlis.* <u>*Grenze links:*</u> *Division von Berg. In den frühen Morgenstunden des 8.4. lag starkes Artilleriefeuer auf dem Ilmtal und kündigten den seit Tagen erwarteten Angriff der Amerikaner auf die Straße Ilmenau-Gehren und die nordostwärts gelegenen Höhen an. Gegen 9:00 Uhr wurde das Feuer auf das Gelände um Ober-Pörlitz verlegt und die ersten Panzer erschienen am Südostausgang von Roda. Um 11:00 Uhr verstummte das Feuer um Ilmenau-Langewiesen-Gehren und die amerikanischen Truppen besetzten unbelästigt die Höhen nordöstlich der Ilm. Am Nachmittag gegen 13:00 Uhr verlegte ich meinen Gefechtsstand von Unter-Pörlitz nach Königsee und befahl das Zurückweichen der HKL in der Linie hart südöstlich der Straße Stadtilm-Pennewitz-Schwarzatal. Die für den 8.4. befohlene Linie wurde im langsamen Zurückweichen in den späten Abendstunden erreicht. Der Gegner folgte nur zögernd, mit schwachen Panzerverbänden in Zug- bis Kompaniestärke."*

**Abbildung 8: Links Generalleutnant Dipl.-Ing. Josef Schroetter, rechts Generalleutnant Wend von Wietersheim.**

11. Marschsturm des Fallschirmjäger-Regimentes der SA-Standarte-Feldherrnhalle[6]

Ein unbekannter Kampfverband spielte bei der Verteidigung Schmiedefelds eine wichtige Rolle. Es handelte sich hierbei um den 11. Marschsturm des Fallschirmjäger-Regimentes der SA-Standarte-Feldherrnhalle. Spricht man jedoch mit Schmiedefelder Zeitzeugen oder werden Zeitdokumente aus dem Jahr 1945 in die Betrachtungen mit einbezogen, wurde immer wieder von diesem Kampfverband berichtet. Es gibt Erinnerungen an die jungen Soldaten in den braunen Uniformen mit dem Ärmelband „Feldherrnhalle".

**Abbildung 9: Ärmelband der SA-Standarte-Feldherrnhalle, welches am linken Unterarm getragen wurde.**

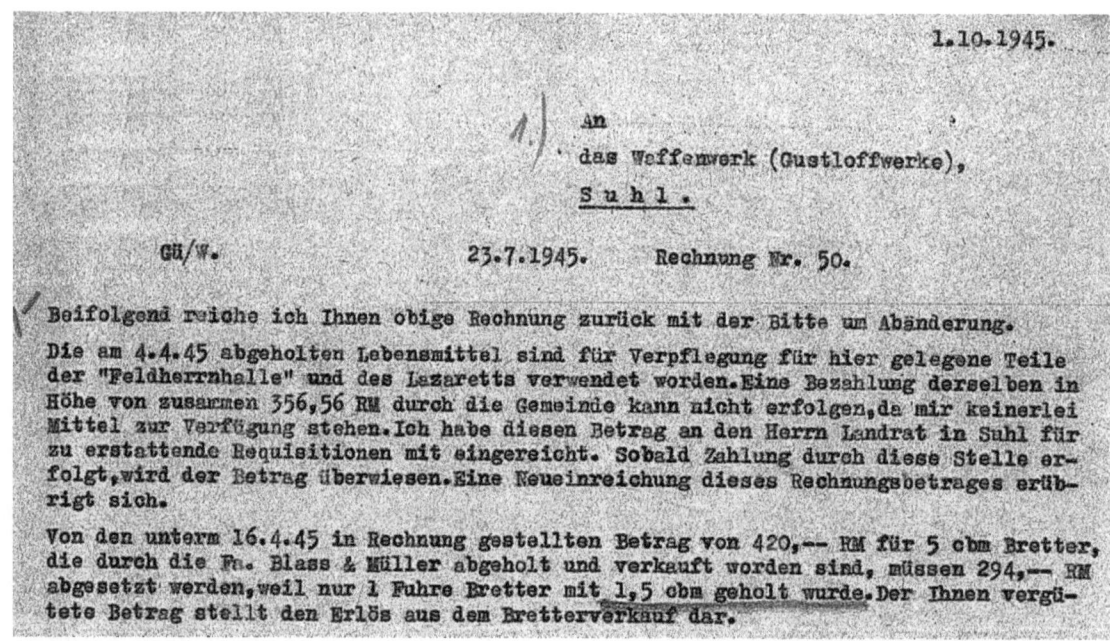

**Abbildung 10: Zahlungsforderung des Waffenwerkes Suhl zur Verpflegung der Feldherrnhalle.**

---

[6] Archiv des Schmiedefelder Ortschronisten Klaus-Dieter Völker.

14

Weiterhin konnten in verschiedenen Archiven Unterlagen zum damaligen Einsatz dieser Einheit aufgefunden werden. So über eine Geldforderung des Gustloff-Waffenwerkes Suhl, über entnommene Nahrungsmittel aus dem Bestand des Rennsteigwerkes vom 1. Oktober 1945, zur Verpflegung der Feldherrnhalle. Des Weiteren wurden Hinweise auf ihre unrühmliche, aber nie vollumfänglich bewiesene Teilnahme an der Erschießung von russischen Zwangsarbeitern am 6. April 1945 aufgefunden.

Im März 1945 wurde diese Einheit in Dürröhrsdorf bei Dresden aus Jugendlichen zusammengestellt. Sie erhielten braune SA-Uniformen und eine unzureichende Bewaffnung. Der Einsatzbefehl am 16. März 1945 lautete: "In Tagesmärschen von ca. 40 km die Westfront im Raum Fulda-Meiningen zu erreichen". Das einzige Fahrzeug, das zur Verfügung stand, war ein PKW, in dem der Kommandeur gefahren wurde. Nach 14 Marschtagen erreichte der 11. Marschsturm Schleiz. Am 2. April wurde Alarm gegeben und der Abmarsch zum Fronteinsatz in Richtung Suhl-Meiningen befohlen. Das vorgegebene Ziel konnte jedoch nicht mehr erreicht werden, da US-Panzerspitzen bereits bis Suhl vorgerückt waren.
Am 3. April um ca. 15:00 Uhr traf diese Einheit in Schmiedefeld ein. Befohlen wurde, sich gemeinsam mit dem Volkssturm einzuigeln und Widerstand bis zur letzten Patrone zu leisten. In den Kämpfen vom 6. bis 8. April verloren durch diesen sinnlosen Einsatzbefehl 23 Soldaten ihr Leben. Der Jüngste war 15 Jahre alt, der Älteste 22 Jahre. An sie wird auf dem Schmiedefelder Friedhof noch heute in Form eines Gedenksteines erinnert.
Auch an der Verteidigung der Rennsteigkreuzung und des Rennsteigwerkes nahm die Standarte Feldherrnhalle teil. Es entwickelte sich ein kurzes Gefecht am Abend des 8. April mit US-Truppen des 358. US-Infantry-Regimentes, laut Zeitzeugenaussagen waren hier mindestens 3 Todesopfer auf deutscher Seite zu beklagen.

**Abbildung 11: Unbekannter "Kindersoldat" des 11. Marschsturms der SA Standarte- Feldherrnhalle, erkennbar am Ärmelband am linken Unterarm.**

Flak-Ersatz-Bataillon 59[7]

Ein weiterer unbekannter Kampfverband wurde bei den Kämpfen um Schmiedefeld zum Einsatz gebracht. Es handelte sich hier um ganz junge Soldaten des Flak-Ersatz-Bataillons 59, das in Gotha stationiert war. Diese Truppen zogen sich am Abend des 8. April aus dem Gebiet der Rennsteigkreuzung mit Soldaten der 2. Deutschen Panzer-Division unbeschadet zurück.

---

[7] Archiv des Schmiedefelder Ortschronisten Klaus-Dieter Völker.

**Truppenverbände der US-Armee, die im Raum Suhl-Schmiedefeld-Ilmenau eingesetzt wurden[8]**

3. US-Armee

Thüringen wurde von Einheiten der 3. US-Armee Anfang April 1945 angegriffen und besetzt. Der kommandierende Offizier war Lieutenant-General George Smith Patton Jr. Er befehligte die 3. US-Armee vom 25. Januar 1945 bis zum 7. Oktober 1945. Am 11. November 1885 wurde Patton in San Gabriel/Kalifornien geboren und verstarb infolge eines Unfalles am 21. Dezember 1945 in einem Heidelberger Militärhospital. Beigesetzt wurde er auf eigenen Wunsch auf dem amerikanischen Soldatenfriedhof in Hamm/Luxemburg, inmitten „seiner" Soldaten.

**Abbildung 12: Von links; Lt.-General Omar N. Bradley 12. Army-Group; Major-General J.S. Woods 4. US-Armee; Lt.-General George Smith Patton Jr., 3. US-Armee; ganz rechts Major-General Manton S. Eddy XII. US-Corps.**

XII. US-Corps (12. Korps)

Das Einsatzgebiet des XII. US-Corps war im April 1945 das Kerngebiet des Thüringer Waldes. Kommandierender Offizier war Major-General Manton S. Eddy. Er wurde am 16. Mai 1892 in Chicago/Illinois geboren und verstarb am 10. April 1962 in Ford Benning.

**Abbildung 13: Major-General Manton S. Eddy, kommandierender General des XII. US-Corps.**

---

[8] Quellen zu den US-Einheiten: www.11tharmoreddivision.com, www.26yd.com, www.90thdivisionassoc.com sowie www.wikipedia, so im Text weiter folgend.

Gegliedert war das XII. US-Corps in folgende Einheiten:

## 11. US-Armored-Division

Die 11. Armored-Division trug den Namen „Thunderbolt". Am 1. April erreichte diese Einheit die Thüringer Grenze in der Nähe von Fulda und Bad Hersfeld. Sie wurde von Major-General Holmes E. Dager kommandiert und stellte die schnelle Angriffsspitze des XII. US-Corps mit der 4. Armored-Division dar.

**Abbildung 14: Major-General Holmes E. Dager, kommandierender Offizier der 11. Armored-Division.**

Folgende Einheiten waren Anfang April 1945 der 11. Armored-Division unterstellt:
- 22. Tank-Battalion[9]
- 41. Tank-Battalion
- 42. Tank-Battalion
- 21. Armored-Infantry-Battalion[10]
- 55. Armored-Infantry-Battalion
- 63. Armored-Infantry-Battalion
- 41. Cavalry-Reconnaissance-Squadron[11]
- 56. Armored-Engineer-Battalion[12]
- 151. Armored-Signal-Company[13]
- 490. Armored-Field-Artillery-Battalion[14]
- 491. Armored-Field-Artillery-Battalion
- 492. Armored-Field-Artillery-Battalion
- 133. Ordnance-Maintenance-Battalion[15]

## 26. US-Infantry-Division

In der Mitte der Frontlinie kämpfte die 26. Infantry-Division. Kommandierender Offizier war Lieutenant-General Willard S. Paul. Er wurde am 28. Februar 1894 in Worcester/Massachusetts geboren und verstarb am 21. März 1966 in einem Militärhospital in Washington. Die Division trug den Namen „Yankee-Division" und spielte bei den Kampfhandlungen um Schmiedefeld und Frauenwald die größte Rolle.

---

[9]Tank-Battalion: Panzer-Bataillon, so im Text weiter folgend

[10] Armored-Infantry-Battalion: Gepanzertes-Infanterie-Bataillon, so im Text weiter folgend

[11] Cavalry-Reconnaissance-Squadron: Aufklärungsabteilung, so im Text weiter folgend

[12] Armored-Engineer-Battalion: Gepanzertes-Pionier-Bataillon, so im Text weiter folgend

[13] Armored-Signal-Battalion: Front-Berichterstattungs-Bataillon, so im Text weiter folgend

[14] Armored-Field-Artillery-Battalion: Gepanzertes-Feld-Artillerie-Bataillon, so im Text weiter folgend

[15] Ordnance-Maintenace-Battalion: Wartungs-Bataillon, so im Text weiter folgend

**Abbildung 15: Lieutenant-General Willard S. Paul kommandierender Offizier der 26. Infantry-Division.**

Folgende Einheiten wurden Anfang April 1945 von der 26. Infantry-Division befehligt:
- 101. Infantry-Regiment
- 104. Infantry-Regiment
- 328. Infantry-Regiment
- 26. Reconnaissance-Troop[16]
- 101. Engineer-Combat-Battalion[17]
- 101. Field-Artillery-Battalion[18]
- 102. Field-Artillery-Battalion
- 180. Field-Artillery-Battalion
- 263. Field-Artillery-Battalion
- 91. Chemical-Mortar-Battalion[19]

## 71. US-Infantry-Division

An der südlichen Flanke des XII. US-Corps kämpfte die 71. Infantry-Division. Kommandierender Offizier war Major-General Willard G. Wyman. Sie trug den Namen „The Red Circle". In die Kampfhandlungen um Schmiedefeld griff diese Division nicht ein, da sie südlich von Schleusingen kämpfte.

## 90. US-Infantry-Division

An der nördlichen Flanke des XII. US-Corps kam die 90. Infantry-Division zum Einsatz. Sie trug den Namen „Alamo-Division". Kommandierender Offizier war Brigade-General Herbert L. Earnest. Die Buchstaben T und O im Divisionsabzeichen bedeuteten Texas/Oklahoma. Dort war die Heimat der meisten Soldaten. Diese US-Truppen besetzten auf ihrem Vormarsch Gehlberg, Stützerbach und Frauenwald.

---

[16] Reconnaissance-Troop : Aufklärungsabteilung, so im Text weiter folgend
[17] Engineer-Combat-Battalion: Pionier-Bataillon, so im Text weiter folgend
[18] Field-Artillery-Battalion: Feld-Artillerie-Bataillon, so im Text weiter folgend
[19] Chemical-Mortar-Battalion: Chemisches-Mörser-Bataillon, so im Text weiter folgend

**Abbildung 16: Brigade-General Herbert L. Earnest kommandierender Offizier der 90. Infantry-Division.**

Folgende Einheiten waren Anfang April 1945 der 90. Infantry-Division unterstellt:
- 357. Infantry-Regiment
- 358. Infantry-Regiment
- 359. Infantry-Regiment
- 325. Engineer-Combat-Battalion
- 315. Medical-Battalion[20]
- 343. Field-Artillery-Battalion
- 344. Field-Artillery-Battalion
- 345. Field-Artillery-Battalion
- 915. Field-Artillery-Battalion

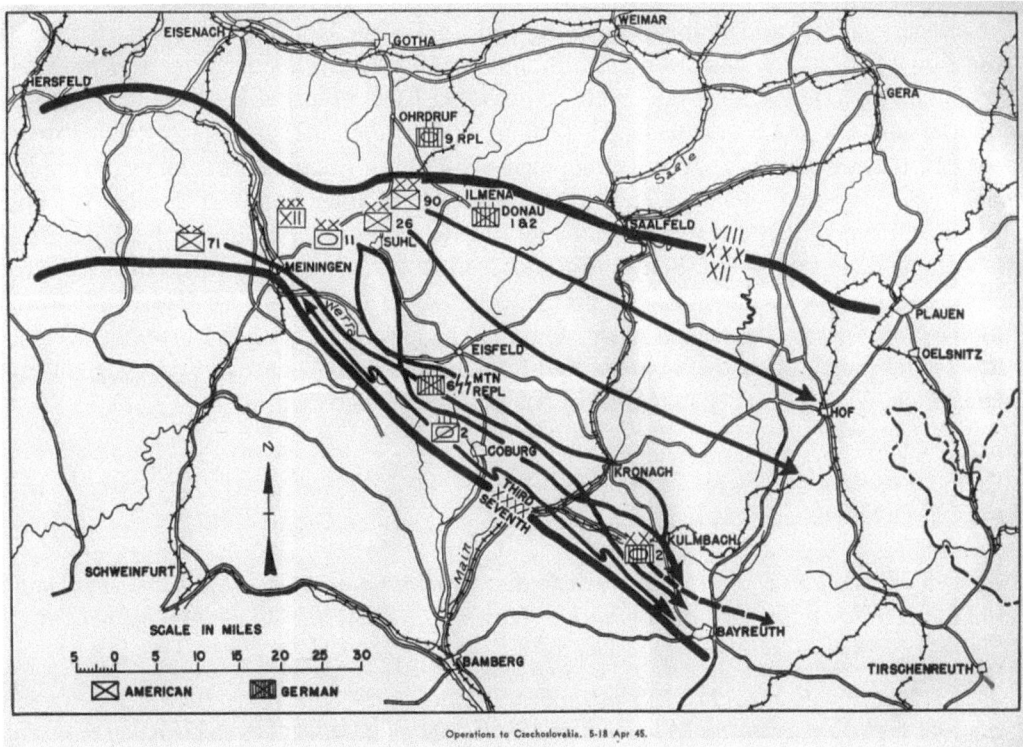

**Abbildung 17: US-Vorstoß vom 5. bis 18. April 1945.**

---

[20] Medical-Battalion: Sanitäts-Bataillon, so im Text weiter folgend

# Kapitel 2
## Beschreibung der Kampfhandlungen vom 1. bis 9. April 1945

### 1. April, Ostersonntag

Geheimer Tagesbericht der Wehrmachtsführung[21]

*Im Raum Fulda wird erbittert gekämpft. Im Main-Neckar-Gebiet wird südwestlich von Würzburg sowie um Tauberbischofsheim gekämpft.*

Bericht der Gemeinde Schmiedefeld[22]

*16:00 Uhr: Kundgebung des nationalsozialistischen Kreisleiters mit der Bevölkerung in der "Filmbühne". Es wird bekannt gegeben, dass die Möglichkeit einer feindlichen Besetzung besteht, Maßnahmen zur Änderung der Lage seien im Gange. Mahnung zur Ruhe und Besonnenheit wird befohlen, keine Panikstimmung aufkommen lassen, jeder hat an seinem Platz zu bleiben. Der Zustrom deutscher Soldaten aus Richtung Suhl hält an. Auf Anordnung der nationalsozialistischen Kreisleitung sind alle Akten zu vernichten, Parteibücher und andere Ausweise einzuziehen und zu verbrennen, Letzteres durch die Ortsgruppe der NSDAP. Einwendungen, dass die Vernichtung der Mitgliedsbücher überflüssig sei, da alle Mitglieder genau bekannt wären, haben keinen Erfolg, die Vernichtung der Akten wird in der Nacht durchgeführt. Alle Vierzehn- bis Sechzehnjährigen sollen auf Befehl Schmiedefeld verlassen und nach Weimar gehen. Ein Teil wird zu Fuß in Marsch gesetzt, kehrt aber einige Tage später zurück, die meisten bleiben im Ort. Wachsende Unruhe kommt in der Bevölkerung auf, die in der Nacht packt und mancherlei in Verstecken in Sicherheit bringt. Für ein Verlassen des Ortes bei Annäherung der amerikanischen Truppen besteht kaum eine Neigung. Nach Mitteilung des Kreisleiters soll Schmiedefeld bis zum Letzten verteidigt werden, deutsche Truppen seien in ausreichender Zahl im Anmarsch.*

Eine Schmiedefelder Zeitzeugin erinnert sich[23]

Ein wunderschöner, zeitiger und sonniger Frühling hielt in diesem Jahr nach einem harten Winter seinen Einzug. Alle Einwohner hätten das Osterfest froh und dankbar feiern können, wenn nicht die drohenden dunklen Wolken des Krieges über der Welt schwebten. Eine grauenvolle Ungewissheit. Der kleine Volksempfänger und die noch erscheinende Zeitung waren nur spärliche Nachrichtenübermittlungen, meistens mit Erfolgsmeldungen. Tagelang ahnte man Schlimmes, Fliegeralarm gab es dauernd und in der Ferne ertönte der Kanonendonner und Tiefflieger rasten nachts über das Dorf. Nachts leuchteten sogenannte Christbäume am südlichen Himmel und man konnte von unserer Höhe aus beobachten, wie Bomben fielen, wie man dann erfuhr, war Schweinfurt das Ziel gewesen. Nordwestlich färbte sich der Himmel nachts blutrot, ein Inferno, das über Kassel herniedergegangen war. Dass das Unheil für unsere Höhen des Thüringer Waldes näher rückte, war allen Menschen hier oben klar. Viele Einwohner versuchten wenigstens an Essbaren noch etwas in Sicherheit zu bringen und man konnte auf den gegenüberliegenden Feldern beobachten, wie hier und dort in einem Loch etwas verscharrt wurde.

11. US-Armored-Division[24]

*In den frühen Abendstunden des 31. März wurde den Kommandeuren des XII. US-Corps unter Major-General Manton S. Eddy mitgeteilt, dass eine Fortsetzung des Angriffes in eine völlig neue Richtung be-*

---

[21] Kurt Mehner, 1. Januar bis 9. Mai 1945, Biblio-Verlag Osnabrück 1984, so bei allen Berichten weiter folgend.

[22] Archiv Klaus-Dieter Völker Schmiedefeld, so bei jedem aufgeführtem Bericht folgend, auszugsweise zitiert.

[23] Archiv Klaus-Dieter Völker Schmiedefeld. "Schmiedefeld den 1. Dezember 1996, Erinnerungen an die letzten Kampfhandlungen der Wehrmacht, die auch auf unserem stillen Heimig und in ganz Schmiedefeld ihre Spuren hinterlassen haben". So bei jedem aufgeführtem Tag folgend, auszugsweise zitiert.

[24] Quellen zu den einzelnen US Einheiten: US-NARA Nationalarchiv Washington, After-Action-Reports (Kampfberichte), www.11tharmoreddivision.com, www.26yd.com und www.90thdivisionassoc.com, so für alle aufgeführten Tage weiter folgend, auszugsweise zitiert.

*fohlen wurde. Geheimdienstliche Ermittlungen hatten ergeben, dass sich hohe Befehlsstellen des Reiches und der Wehrmacht sowie hochmodern ausgebaute Nachrichtenzentralen im Gebiet des Thüringer Waldes befinden würden. Diese galt es in einem schnellen Vorstoß zu erobern. Die 4. Armored-Division erhielt den Befehl entlang der Reichsautobahn 4 den Angriff auf den Bereich Gotha-Ohrdruf vorzutragen. An der Südflanke wurde der 11. Armored-Division befohlen, das Gebiet des Thüringer Waldes zu erobern, mit den Zielen Meiningen (H9022[25]), Arnstadt (J2653) und Kranichfeld (J4456). Zur Unterstützung und Säuberung des okkupierten Gebietes wurden verschiedene Infantry-Divisionen beauftragt. Folgende Kampfverbände (Forces) wurden zum Einsatz gebracht:*

*Force Ahee:*
- *A & B 42. Tank-Battalion*
- *A & B 63. Armored-Infantry-Battalion*
- *490. Armored-Field-Artillery-Battalion*
- *56. Armored-Engineer-Battalion*
- *133. Ordnance-Maintenance-Battalion*
- *705. Tank-Destroyer-Battalion*
- *575. Anti-Aircraft-Artillery-Battalion*
- *58. Field-Artillery-Battalion*

*Force Brady:*
- *63. Armored-Infantry-Battalion*
- *56. Armored-Engineer-Battalion*
- *133. Ordnance-Maintenance-Battalion*
- *58. Field-Artillery-Battalion*
- *945. Armored-Field-Artillery-Battalion*

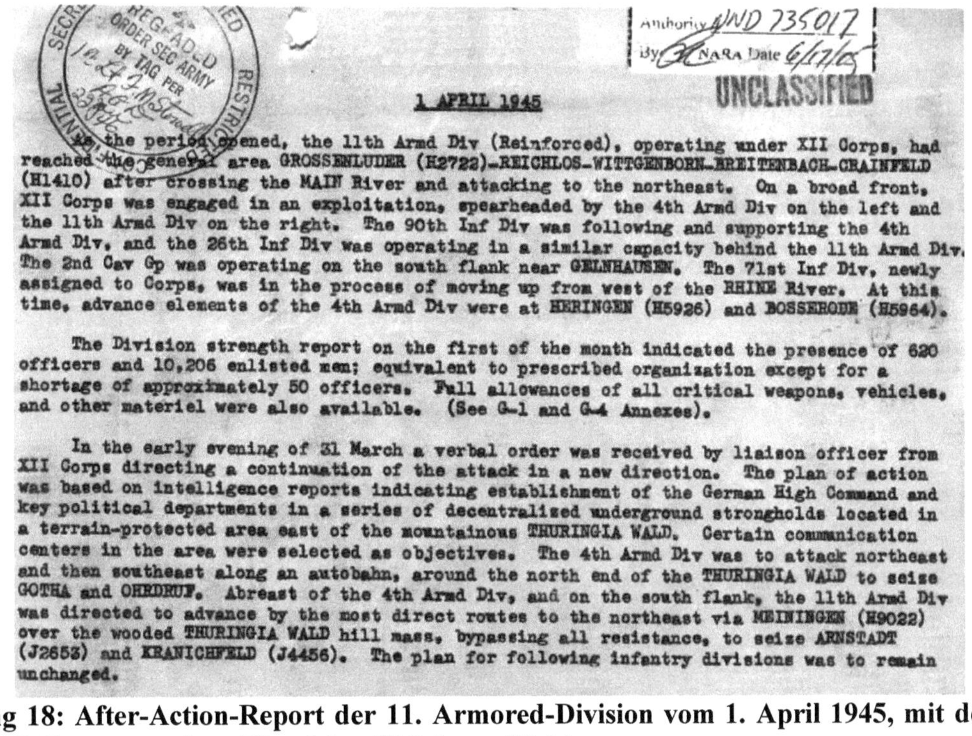
Authority NND 735017

UNCLASSIFIED

1 APRIL 1945

As the period opened, the 11th Armd Div (Reinforced), operating under XII Corps, had reached the general area GROSSENLUDER (H2722)-REICHLOS-WITTGENBORN-BREITENBACH-CRAINFELD (H1410) after crossing the MAIN River and attacking to the northeast. On a broad front, XII Corps was engaged in an exploitation, spearheaded by the 4th Armd Div on the left and the 11th Armd Div on the right. The 90th Inf Div was following and supporting the 4th Armd Div, and the 26th Inf Div was operating in a similar capacity behind the 11th Armd Div. The 2nd Cav Gp was operating on the south flank near GELNHAUSEN. The 71st Inf Div, newly assigned to Corps, was in the process of moving up from west of the RHINE River. At this time, advance elements of the 4th Armd Div were at HERINGEN (H5926) and BOSSERODE (H5964).

The Division strength report on the first of the month indicated the presence of 620 officers and 10,206 enlisted men; equivalent to prescribed organization except for a shortage of approximately 50 officers. Full allowances of all critical weapons, vehicles, and other materiel were also available. (See G-1 and G-4 Annexes).

In the early evening of 31 March a verbal order was received by liaison officer from XII Corps directing a continuation of the attack in a new direction. The plan of action was based on intelligence reports indicating establishment of the German High Command and key political departments in a series of decentralized underground strongholds located in a terrain-protected area east of the mountainous THURINGIA WALD. Certain communication centers in the area were selected as objectives. The 4th Armd Div was to attack northeast and then southeast along an autobahn, around the north end of the THURINGIA WALD to seize GOTHA and OHRDRUF. Abreast of the 4th Armd Div, and on the south flank, the 11th Armd Div was directed to advance by the most direct routes to the northeast via MEININGEN (H9022) over the wooded THURINGIA WALD hill mass, bypassing all resistance, to seize ARNSTADT (J2653) and KRANICHFELD (J4456). The plan for following infantry divisions was to remain unchanged.

**Abbildung 18: After-Action-Report der 11. Armored-Division vom 1. April 1945, mit dem Befehl des XII. US-Corps zum Angriff auf den Thüringer Wald.**

Der Angriff des CCA[26] begann am 1. April um 08:15 Uhr. Während des ganzen Tages wurde eine Strecke von 64 Meilen zurückgelegt, davon die letzten 14 Meilen unter Feindeinwirkung. Weiterhin wurde das 42. Tank-Battalion unter die Kontrolle des CCA gestellt. Um 16:00 Uhr wurde Unterbernhards, 16:35 Uhr Eckweisbach, 16:50 Uhr Liebhards, 18:00 Uhr Frankenheim, 18:30 Uhr Reichenhausen und um 18:45 Uhr Erbenhausen besetzt.

[25] Koordinaten aus US-Militärkarten, so im Text weiter folgend.

[26] CCA: Combat-Commando-A; Kampf-Kommando-A

90. US-Infantry-Division

Vom Standpunkt Bad Hersfeld und Fulda folgte die 90. Infantry-Division den beiden Armored-Divisionen, die durch ihren hervorragenden Motorisierungsgrad ein hohes Angriffstempo vorgaben. Um 05:00 Uhr trafen die ersten Einheiten auf die gesprengte Werrabrücke bei Sallmanshausen in der Nähe von Gerstungen. Dort wurden sie vom gegenüberliegenden Ufer mit Sturmgewehren und Panzerfäusten sowie leichten Granatwerfern beschossen. Daraufhin eröffneten die US-Truppen das Feuer und schossen die Ortschaft in Brand, worauf sich die deutschen Verteidiger zurückziehen mussten.

## 2. April, Ostermontag

### Geheimer Tagesbericht der Wehrmachtsführung

*Heeresgruppe G; 7. Armee*
*XII Armee-Korps: Nach unbestätigten Meldungen wurde Fulda vom Gegner genommen. Eigene, gegen die Stadt angesetzte Aufklärung konnte nicht mehr in das Stadtgebiet eindringen und beobachtete die Hissung weißer Fahnen. Nach Osten weiter vordringend, nahm der Gegner Wasungen und wurde in Meiningen und Untermaßfeld beim Versuch, den Werra-Abschnitt nach Osten zu überschreiten, abgewiesen. 9 Feindpanzer wurden abgeschossen. Zwischen Untermaßfeld und Themar, das sich in eigener Hand befindet, gelang es dem Feind, nach Nordosten die Werra zu überschreiten und Marisfeld zu nehmen. Suhl befindet sich in eigener Hand.*

### Bericht der Gemeinde Schmiedefeld

*Panzerspitzen haben den Raum Obermaßfeld-Grimmenthal erreicht. Suhl wird verteidigt, sobald feindliche Panzer die Straßen Suhl-Schleusingen und Suhl-Meiningen erreicht haben. Panzersperren werden überall geschlossen. Die meisten Schmiedefelder Einwohner verbringen die Nacht zum Dienstag schon in den Kellern. Zahlreiche Flieger überfliegen den Ort, ein Angriff erfolgt nicht.*

### Eine Schmiedefelder Zeitzeugin erinnert sich

So war nun der 2. April herangekommen, der zweite Ostertag. Vom Volkssturm wurden alle Jungs des Ortes von 15-17 Jahren aufgefordert nach Bad Berka zu laufen, um für weitere Kampfhandlungen Waffen und Uniformen in Empfang zu nehmen. Mancher kam mit Blasen an den Füßen bald wieder zurück. Die jungen Männer unserer Familie, Hans, Fritz A., Lothar, Friedbert H., auch erst 16 Jahre, waren schon lange zum Kriegsdienst eingezogen worden. Später wurden noch Onkel Willi 48-jährig und zuletzt sogar noch Onkel Arno 54-jährig, im Ersten Weltkrieg schwer verwundet, zur Fliegerabwehr eingezogen. Unser Haus liegt auf der hiesigen Seite des Ortes direkt am Wald, am Fußweg zum Rennsteig. Zu unserer Nachbarschaft gehörte das Haus Fest und am Fußweg nach Frauenwald das Forsthaus, welches zurzeit von Förster Heinelt bewohnt wurde und dicht daneben die Villa Dr. Möller, Chef der Glashütte mit Familie. Im Vorbedacht auf kommende Ereignisse hatte Herr Heinelt links vom Fußweg nach Frauenwald in einer Senke einen Splittergraben ausgehoben, der eventuell als Sicherheit dienen sollte. Da zu diesen Häusern 11 Kinder im Alter von 3 bis 10 Jahren gehörten, war unsere erste Sorge, diese in Sicherheit zu bringen. Zu diesem Zweck stellte uns Förster Heinelt einen größeren Heuschober im Gershaid als Nachtlager oder auch als Aufenthaltsort zur Verfügung.
So setzten sich, nach dem Gottesdienst des 2. Opfertages, ca. 20 Leute nach der Hütte in Marsch. Der Weg war gar nicht so weit. Was wir an Essen und Getränken, Decken und weiteren Sachen für die Kinder brauchten, wurde auf einen Handwagen gepackt und das kleinste der Kinder saß im Sportwagen. Bald war das Ziel erreicht. Für die Kinder war der Wald ein schöner Tummelplatz. Uns Erwachsenen war es doch wohl recht gruselig, über uns die Flieger in kurzen Abständen und von der Ferne das Donnern der Geschütze. Wir richteten dann so gut wie es ging die Schlafplätze her, teils liegend und für uns nur in sitzender Möglichkeit. Aber trotzdem verlief die Nacht ruhig und am Morgen begrüßte uns die schöne Frühlingssonne und wir konnten die kleinen Mäuler gut und zufrieden stopfen. Aber immer näher und in kürzeren Abständen erschreckte uns Fliegeralarm.

## 11. US-Armored-Division

Um 07:45 Uhr begann der Angriff des CCA westlich der Werra, diese konnte im Bereich der Rhön zügig überschritten werden. Östlich der Werra wurden die Ortschaften Schafhausen, Gerthausen, Helmershausen, Wohlmuthausen, Bettenhausen, Ritschenhausen und Gleimershausen besetzt. Alle Brücken über die Werra wurden bis 11:15 Uhr gesichert sowie Unter- und Obermaßfeld um 13:30 Uhr eingenommen. Bei Obermaßfeld trafen die US-Truppen auf verstreuten deutschen Widerstand, der durch einen Luftschlag unterbunden wurde. Auf dem weiteren Vormarsch entdeckten die Amerikaner zwei alliierte Gefangenlager mit rund 700 britischen und amerikanischen Kriegsgefangenen. Ab 15:35 Uhr wurde der Vormarsch auf Suhl fortgesetzt, wobei Vachdorf um 20:15 Uhr eingenommen wurde. Der weitere Befehl lautete: "Halten der eroberten Stellungen bis in die Morgenstunden des 3. April".

Das 42. Tank-Battalion unterstützte den Angriff des CCA in Richtung Obermaßfeld, um alle Brücken über die Werra und deren Nebenflüsse zu sichern. Unter dem Kommando der Task-Force Ahee wurden um 09:40 Uhr Sülzfeld, 9:50 Uhr Hennenberg und 10:15 Uhr Bauerbach eingenommen. Völlig unorganisiert griffen deutsche Scharfschützen die US-Truppen an, wobei im Raum Obermaßfeld der Druck auf die angreifenden Amerikaner immer größer wurde. Hier trafen sie auf eine gestaffelte Verteidigung, die aus den umliegenden Wäldern mit Handfeuerwaffen, Mörsern und Panzerfäusten erfolgte. Daraufhin befahl die Task-Force Ahee um 11:45 Uhr einen Angriff mittlerer US-Panzer nordöstlich von Untermaßfeld, um einen Flankenschutz der vorgehenden Truppen zu gewährleisten. Um 18:30 Uhr wurde ein weiterer Panzerangriff auf Vachdorf, zur Unterstützung der anderen US-Einheiten durchgeführt und um 20:15 Uhr siegreich abgeschlossen.

Die Einheiten des CCB starteten ihren Angriff um 07:00 Uhr. Rasch erreichten sie Aschenhausen sowie Ober- und Unterkatz. 08:00 Uhr wurde Mehmels besetzt, um 09:25 Uhr Wasungen genommen. Dort fanden die US-Verbände die bereits gesprengte Brücke über die Werra vor. Das 21. Armored-Infantry-Battalion fand in der Nähe der gesprengten Brücke eine Furth, um einen provisorischen Brückenkopf auf dem Ostufer der Werra zu bilden. Ab 11:30 Uhr wurde begonnen eine Pontonbrücke zu errichten, die um 17:45 Uhr als Behelfsbrücke fertiggestellt wurde. Bis 20:00 Uhr überquerten die restlichen Einheiten des 21. Armored-Infantry-Battalions diese Pontonbrücke, um ihren geplanten Angriff fortzusetzen. Zur Sicherung der Behelfsbrücke kam das 492. Armored-Field-Artillery-Battalion zum Einsatz. Um 11:15 Uhr wurden die US-Pioniere beim Brückenbau von sieben FW-190 Focke-Wulf Jagdflugzeugen beschossen. Sofort nahm das 492. Armored-Field-Artillery-Battalion die Verteidigung auf und schoss zwei Fw-190 ab. Auf amerikanischer Seite kam es zu keinen Ausfällen.

## 90. US-Infantry-Division

Das 357. Infantry-Regiment erreichte nach harten Kämpfen die schwerbeschädigte Werrabrücke bei Dankmarshausen. Für gepanzerte Fahrzeuge war die Statik der Brücke nicht mehr geeignet, jedoch Infanterie-Einheiten konnte sie problemlos überqueren. Nach erfolgreichem Werra-Übergang wurden auf dem Vormarsch in Richtung Dippach mehrere stark verteidigte Panzersperren genommen und die Ortschaft besetzt. Das 712. Armored-Battalion konnte trotz der beschädigten Brücke eine Furth durch die Werra finden und so den Infanterie-Einheiten motorisierten Schutz bieten. Auf dem weiteren Vormarsch wurden Leimbach und Berka/Werra besetzt. Das 2. Battalion des 358. Infantry-Regimentes setzte seinen Vormarsch Richtung Osten fort. In Bengendorf kam es zu einem Gefecht mit deutschen Einheiten, in dessen Folge 44 deutsche Soldaten gefangen genommen wurden. Angriffsziel des 1. Battalions war der Werra-Übergang zwischen Pferdsdorf und Spichra. Dieser wurde mithilfe des 359. Infantry-Regimentes durch den Einsatz von Sturmbooten genommen. Während der heftigen Kämpfe wurden 174 Kriegsgefangene eingebracht. Auf dem weiteren Vormarsch konnten Krauthausen und Madelungen eingenommen werden. Aufklärungstruppen erreichten im gleichen Zeitraum Unterbreizbach und Vacha.

## 3. April, Dienstag

Geheimer Tagesbericht der Wehrmachtsführung

*Heeresgruppe G; 7. Armee*
*LXXXV. Armee-Korps: Der Feind drang in den Raum Ohrdruf vor. Westlich der Stadt ist eine eigene stützpunktartige Sicherungslinie im Aufbau. Von Westen angreifend, nahm der Gegner Vacha und drang über Schmalkalden bis in den Raum nordöstlich Zella/Mehlis vor.*
*XII. Armee-Korps: 4 km südlich von Wasungen wurde vom Feind eine Pontonbrücke über die Werra gebaut. Meiningen befindet sich noch in eigener Hand. Über den Raum Meiningen nach Osten weiter vorstoßend, umfasste der Gegner von West und Ost Suhl, wo Straßenkämpfe im Gange sind und stieß östlich der Stadt nach Nordosten weiter vor. Im Vordringen aus dem Raum Suhl nach Süden und Südwesten erreichte der Feind die Linie Themar-Schleusingen.*

### Bericht der Gemeinde Schmiedefeld

*Am Nachmittag wird Feindalarm gegeben. Polizeitruppen aus Suhl fahren durch den Ort.*

### Situation in Schmiedefeld[27]

In Schmiedefeld traf am Nachmittag des 3. April der 11. Marschsturm der SA-Standarte-Feldherrnhalle ein. Im Forsthaus Heimig wurde der Verteidigungsstab eingerichtet. Am Stutenhaus sammelten sich verschiedene Einheiten der Wehrmacht, des Volkssturmes und der HJ.

### Eine Schmiedefelder Zeitzeugin erinnert sich

Wir verbrachten so recht und schlecht die Zeit, als am frühen Nachmittag meine Schwägerin Ilse zu uns kam und uns zurückholte, da es im Ort alles ruhig sei. Als wir an unser Haus kamen, stand ein Trüppchen Soldaten vor der Tür, ein älterer, der sich als Dr. Hoppe vorstellte, aber die Jüngeren, die dazugehörten, glichen trotz ihrer Uniform eher Kindern als erfahrenen und verlässlichen Soldaten (gemeint ist hier die Einheit „Feldherrnhalle", Anmerkung des Verfassers). Die Seitengewehre hingen bis in den Kniekehlen. Dr. Hoppe war sehr freundlich und suchte für seine Sanitätskolonne einen entsprechenden Platz. Die Baracke eines Kleinkaliberschießstandes in einem Waldabschnitt bot sich dafür an.
Dr. Hoppe übernachtete eine Nacht bei uns. Sein Herz und sein Gemüt waren voller Trauer und Hilflosigkeit. Im Forsthaus war inzwischen der Verteidigungsstab eingezogen und der Rest der letzten Kampftruppe war über den Eisenberg und den Beerberg verstreut. Der Ami hatte seinen Beobachtungspunkt auf dem Erleshügel aufgeschlagen.

### 11. US-Armored-Division (Hauptquartier: Unterweid)

Angriff des CCA:
*Die Cavalry startete ihren Angriff zur Aufklärung des Gefechtsfeldes 6:00 Uhr. Dass CCA folgte um 7:00 Uhr. Der Vormarsch erfolgte über Marisfeld (I0121), Oberstadt (I0719) nach Suhl-Neundorf, welches 9:20 Uhr erreicht wurde. Erheblicher Widerstand kam aus verschiedenen Waldgebieten 1,5 Kilometer südlich von Suhl (I0927). Das Feuer aus Panzerfäusten, automatischen Waffen und anderen Handfeuerwaffen schlug den angreifenden US-Truppen entgegen. In Suhl selbst konzentrierten sich Panzer- und Artillerie Verbände. Zur Verteidigung standen ca. 600 Mann Volkssturm und weitere reguläre Wehrmachtsverbände bereit. Es wurden Panzer- und Straßensperren geschlossen sowie verschiedene Gebäude auf einen Verteidigungskampf vorbereitet.*

---

[27] Archiv Klaus-Dieter Völker Schmiedefeld, Archiv des Autors, Aussagen verschiedener Zeitzeugen sowie diverser Überlieferungen, so bei jedem aufgeführtem Bericht weiter folgend.

*+ Authority NND 735017*
*By 3C NARA Date 6/17/05*

During this period the Division drove deep into the wooded mountainous terrain of the
THURINGIA WALD, seizing several centers of German war industry. Resistance ranged from
light and scattered to moderate, notably in SUHL, where the Division made its first ex-
tensive contact with the German VOLKSSTURM. A heavy overcast and intermittent rain hampered
operations.

CCA's cavalry moved out at 0600B, followed at 0700B by the main body. The advance was
lightly contested and the towns of MARISFELS (IO121), OBERSTADT (IO719) and SUHLER NEUNDORF
were all cleared of the enemy by 0920B. Considerable resistance was met as the advance elements emerged from the woods 1 1/2 kilometers south of SUHL (IO927). Deploying in three
columns for a coordinated attack on the city, progress was slowed by anti-tank, artillery,
panzerfaust, automatic weapon, and small arms fire. Seizing dominating heights overlooking
the city, SUHL was subjected to heavy concentrations of tank and massed artillery fire.
The defending enemy force, made up of an estimated 600 Volkssturm, augmented by a few regu-
lar Wehrmacht personnel, hotly contested progress from behind roadblocks and in buildings.
Tank and infantry elements moved into the southwestern portion of the city and cleaned out
the defenders in bitter street and house-to-house fighting until well after dark. Cav Comd
elements screened and protected the south flank during the day, closing into the EICHENBERG
(JO720)-LENGFELD (JO617) area at 1800B. By 2130B the bulk of the command had moved into
the southern part of SUHL and the command post was established in the city. The command
was being reorganized to turn over remaining street fighting to the 63rd Armd Inf Bn as the
period ended.

**Abbildung 19: After-Action-Report des CCA der 11. Armored-Division für den 3. April 1945.**

Angriff des CCB:
*Das CCB begann mit seinem Angriff um 7:00 Uhr. Auf dem Vormarsch eingenommen wurden 8:35 Uhr
Metzles (H9131), 9:05 Uhr Christes (H9432) sowie Breitenbach um 9:50 Uhr. Von deutscher Seite wurde
nur ein unkoordinierter Widerstand geleistet. So erreichten die US-Truppen Springstille und um 11:10
Uhr Steinbach-Hallenberg (H9937). Der weitere Vormarsch von Ober-Schönau nach Oberhof (I1138)
gestaltet sich durch die dichten Wälder und die kurvigen Straßen als sehr schwierig. Die zur Verteidigung
errichteten Panzersperren wurden massiv durch den Einsatz von Artillerie, Mörsern, Panzerfäusten und
Handfeuerwaffen verteidigt. Erst am Abend konnte der deutsche Widerstand gebrochen werden und die
Panzersperren wurden beseitigt. Ab 13:00 Uhr setzte ein starker Schneesturm auf dem Kamm des Thüringer Waldes und im Gebiet von Oberhof ein. Das 41. Tank-Batallion besetzte um 23:00 Uhr Oberhof
und säuberte es von deutschen Scharfschützen.*

CCB resumed the advance at 0700B and pushed forward rapidly through METZELS (H9131) at
0835B, CHRISTES (H9432) at 0905B, and BREITENBACH by 0950B. Overrunning a few disorganized
defenders, the command advanced through SPRINGSTILLE, reaching STEINBACH HALLENBERG (H9937)
at 1110B. Heavier resistance in the form of panzerfaust and small arms fire developed as
the command climbed to OBER SCHONAU (IO239). The town was cleared and the advance continued
at 1130B. From OBER SCHONAU to OBERHOF (I1138) the only route of advance was along a
winding mountain road climbing steeply through a heavily wooded gorge. Two massive road
blocks were heavily defended by panzerfaust teams and small arms, supported by previously
registered artillery and mortar fire. The entire afternoon was spent liquidating this resistance and clearing these roadblocks. At 1300B dismounted elements of the 21st Armd Inf
Bn advanced on OBERHOF through a snow storm to seize this road center on the crest of the
THURINGIA WALD. The 41st Tk Bn followed and the city was cleared of snipers by 2300B.
Artillery elements of the command remained in place between OBER SCHONAU and OBERHOF during
the night. CCB's command post was established in OBERHOF. In the meantime, the command's
cavalry elements, operating on the north flank, overcame light resistance to seize the
large town of SCHMALKALDEN (H9139) during the afternoon.

**Abbildung 20: After-Action-Report des CCB der 11. Armored-Division für den 3. April 1945.**

## 26. US-Infantry-Division

Am Morgen des 3. April erreichten die US-Truppen Heimboldshausen und Röhrigshof. Von dort aus
wurde ein weiterer Angriff auf Philippsthal und Vacha vorgetragen, der am Abend des 3. April erfolgreich beendet werden konnte.

Am 3. April wurde gegen 07:50 Uhr Berka/Werra und Vacha eingenommen. Bei Heimboldshausen traf das 2. Battalion des 358. Infantry-Regimentes auf erheblichen deutschen Widerstand. Daraufhin wurde das 712. Armored-Battalion zur Hilfe gerufen und ein gemeinsamer Angriff vorgetragen. Während dieser Kampfhandlung griff ganz unerwartet ein deutsches Jagdflugzeug an und beschoss die US-Truppen. Durch den Einsatz eines Anti-Aircraft-Battalions konnte die deutsche Maschine abgeschossen werden. Diese überflog jedoch noch den Bahnhof von Heimboldshausen und traf mit ihrer letzten Bombe einen dort abgestellten Waggon, der mit Sprengstoff beladen war. Bei der Explosion wurden bis zu 30 Häuser beschädigt und aufseiten der US-Truppen starben ein Offizier und zwei Soldaten des 712. Armored-Battalion sowie 29 Panzer wurden beschädigt. Auch das 358. Infantry-Regiment hatte bei diesem Gefecht Opfer zu beklagen. Der Sergeant (Unteroffizier) William W. Meister wurde von einem deutschen Scharf-schützen in dem Kopf geschossen und verstarb an den Folgen dieser Verletzung. Mitglieder des Volks-sturms beschossen die US-Soldaten von Unterbreizbach aus. Daraufhin wurde ein US-Artillerieschlag befohlen und nach der Vernichtung der deutschen Verteidiger das Dorf in Brand gesteckt.

## 4. April, Mittwoch

### Geheimer Tagesbericht der Wehrmachtsführung

*Heeresgruppe G; 7. Armee*
*LXXXV. Armee-Korps: Mühlhausen wurde vom Feind genommen. Im Vorgehen nach Südosten drang der Gegner bis 6 km nördlich und nordwestlich Langensalza vor. Langensalza feindfrei. Eisenach vom Geg-ner eingeschlossen. Die in der Tagesmeldung vom 3.4. gemeldete Einnahme von Gotha hat sich nicht bestätigt. Auf der Autobahn Eisenach bis südlich Erfurt wurde reger feindlicher Nachschubverkehr beo-bachtet. Aus Neudietendorf (10 km südwestlich von Erfurt) wurden Feindpanzer gemeldet. Nach Südosten vorstoßend, drang der Gegner bis in den Raum nördlich Arnstadt vor.*
*XII. Armee-Korps: Von Westen griff der Feind Ohrdruf an und nahm es nach hartem Kampf. Nach Südos-ten weiter vorgehend, drang er in Gräfenroda ein, von wo aus er nach unbestätigten Meldungen nach Nordosten auf Arnstadt vorgeht. Zella/Mehlis, Oberhof und Suhl gingen verloren. Von dort aus Feindstö-ße nach Osten und Süden. Von der Besatzung von Meiningen, das sich in eigener Hand befindet, wurden alle Angriffe des Gegners abgewehrt. Zwischen Untermaßfeld und Themar sind wechselvolle Kämpfe im Gange.*

### Bericht der Gemeinde Schmiedefeld

*Eintreffen deutscher Truppen in Schmiedefeld, ein Sturmbann der SA-Standarte Feldherrnhalle, nur jun-ge Soldaten zwischen 16 und 18 Jahren. Führer übernimmt den Ort als Kommandant und befiehlt dessen Verteidigung. Kampflinien: Ortsausgang Suhl beim Gasthaus "Hubertus", Straße Stutenhaus-Wegscheide-Mordfleck, am "Tiefen Loch", am Kreuzweg sowie an der Straße nach Schmiedefeld. Neuan-lage von Panzersperren, unter anderem am Tiefen-Loch, am Kreuzweg, an der Straße Wegscheide-Vesser, im Vessertal. Wehrmacht und Polizei lösen sich in der Besetzung der Sperren ab. Einsatz des Volkssturms an der Straße Stutenhaus-Wegscheide. Verpflegungsempfang der Feldherrnhalle in der Nähe von Schleusingen. Der Volkssturm wird aus dem Dorf verpflegt. Volkssturm Suhl kommt nach Schmiede-feld und wird in der Filmbühne untergebracht, später nach Frauenwald verlegt.*

### Situation in Schmiedefeld

Feindliche Aufklärer kreisen über den deutschen Verteidigungsstellungen. Ab 8:30 Uhr geht Artillerie-feuer leichten Kalibers den ganzen Vormittag auf die deutschen Verteidigungsstellungen nieder. Um 13:00 Uhr wird in Schmiedefeld Feindalarm gegeben. Dieser Befehl hatte die Einstellung des Zugver-kehrs der Deutschen Reichsbahn zur Folge. Bombentreffer sind am Schmiedefelder Bahnhof zu verzeich-nen. Der Volkssturm errichtete weitere Panzersperren im Gebiet der Kreuzwege sowie auf den Straßen Suhl-Schmiedefeld und Stutenhaus-Wegscheide.

<u>Eine Schmiedefelder Zeitzeugin erinnert sich</u>

Der Tag verlief sehr ruhig, aber wir Menschen waren doch sehr in Unruhe. Unsere Kuh hatte auch noch gekalbt und wir taten mit Schwermut unsere Pflicht. Im Dorf gab es noch mal eine Lebensmittelzuteilung, auch warmes Brot, man musste sich lange dafür anstellen. Die Nacht verlief, außer dem üblichen Donner der Geschütze, ohne schlimmere Ereignisse.

<u>11. US-Armored-Division</u> (Hauptquartier: Steinbach-Hallenberg)

*Um 5:30 Uhr wurde dem XII. Corps befohlen, die Verteidigungslinie Gotha (J0865)-Suhl zu erreichen. Die 4. Armored-Division hatte den Befehl Gotha und Ohrdruf zu halten. Die 26. Infantry-Division sollte zwischen den Panzer-Divisionen operieren und das Kampfgebiet von deutschen Truppen säubern. Der 11. Armored-Division wurde befohlen den Raum Oberhof-Suhl zu halten und erste Patrouillen Richtung Osten nach Gräfenroda (J1743) und Gehren (J3132) vorstoßen zu lassen. Diese Befehle erreichten das CCA und das CCB über Funk. Beide Forces sollten das eroberte Gebiet säubern und die Flanken der Division sichern. Dem CCA wurde weiterhin mitgeteilt, Patrouillen Richtung Stützerbach zu schicken und auf einer Linie bis Dillstädt zu operieren. Dem entsprechend musste das CCB die Nordflanke der Division im Gebiet um Oberhof schützen. Das CCR wurde mit der Bewachung der eingenommen Waffenfabriken in Suhl und Zella/Mehlis beauftragt.*

<u>4 APRIL 1945</u>

Operational Directive #101, Hq XII Corps, was received at 0630B, designating the limit of Corps eastern advance as a line GOTHA (J0865)-SUHL. On the north, the 4th Armd Div was directed to seize and hold GOTHA and OHRDRUF. 26th Inf Div was assigned a separate zone between the 4th and 11th Armd Div's for clearance. The 11th Armd Div was ordered to hold OBERHOF and SUHL, thereafter to patrol to the east as far as a line from GRAFENRODA (J1743) to GEHREN (J3132). Additionally, the Division was ordered to clear the enemy from its zone west of the OBERHOF-SUHL line and protect the Corps right flank east of FULDA. Thus stopped short of its original objective the Division awoke to find its offensive mission substantially accomplished.

Orders to major units modifying those issued the night before were accordingly relayed piecemeal by radio. The general plan of operation envisaged opening up lateral routes between CCA and CCB to foster better communication and supply and assignment of specific areas of responsibility for clearance, patrols, and flank security. As confirmed in Operations Memo #50, distributed at 1500B, the Division still undertook on its own initiative to secure the crest of the THURINGIA WALD on the south flank, CCA was ordered to seize and secure STUTZERBACH, patrol to the east, clear a prescribed zone on the south, and protect the south flank as far west as DILLSTADT (H9824). CCB's mission was modified to securing OBERHOF, patrolling to the east, clearing a prescribed zone on the north, and protecting the north flank. Res Comd was directed to clear a zone between CCA and CCB, including the arms manufacturing center of ZELLA-MEHLIS and protect the rear and a portion of the south flank of the Division west of DILLSTADT. Div Arty was to continue flank air patrols and, along with the 183rd FA Gp, support major unit operations. 56th Armd Engr Bn was ordered to secure the WASUNGEN and GRIMMENTHAL bridges over the WERRA River. In the absence of any troops for static defense, Corps south flank protection patrols were in effect created by a general order that all movement west of the WERRA River would be in protected convoy.

**Abbildung 21: After-Action-Report der 11. Armored-Division vom 4. April 1945.**

<u>90. US-Infantry-Division</u> (Hauptquartier: Kieselbach)

*Um 07:00 Uhr begann das 358. Infantry-Regiment einen Angriff auf Merkers (H6850). Dort wurden in den Stollenanlagen der Wintershall-AG der Reichsschatz und weitere wertvolle Einlagerungsgegenstände entdeckt. Sofort begann man mit der militärischen Sicherung dieser Bergbauanlage. Aufgefunden wurden zum Beispiel 100 Tonnen Gold in Barren, 5 Billionen Reichsmark, 2 Millionen US-Dollar, 4 Millionen Norwegische-Pfund, 100 Millionen Französische-France, 110 Millionen Britische-Pfund. Des Weiteren 1.000 Kisten mit Bildern und Statuen, gesamt 2.000 Gemälde von Raffael, Rembrandt, Van Dykes, Dürer und Renoir sowie 120 Kisten, deren Inhalt aus dem Goethe und Schiller Archiv Weimar stammte.*

27

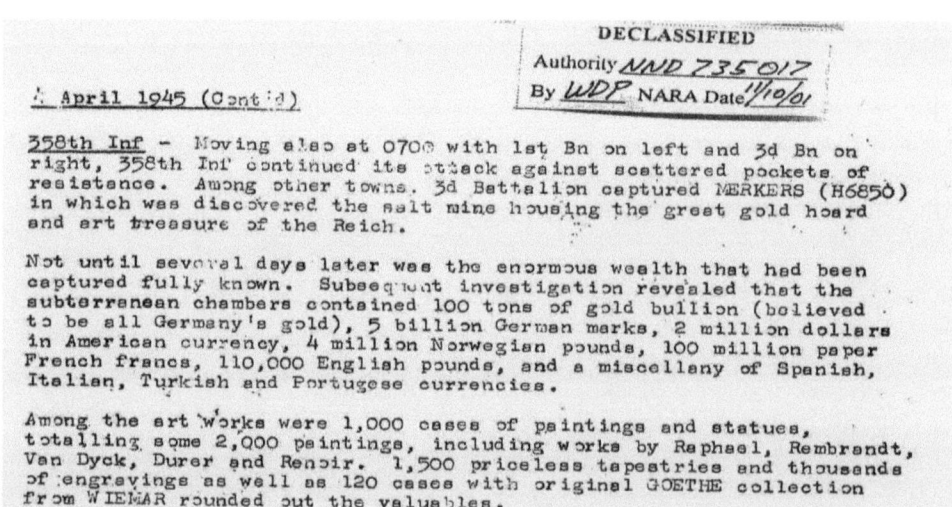

DECLASSIFIED
Authority *NND 735017*
By *WDP* NARA Date *4/10/01*

April 1945 (Cont'd)

358th Inf - Moving also at 0700 with 1st Bn on left and 3d Bn on right, 358th Inf continued its attack against scattered pockets of resistance. Among other towns. 3d Battalion captured MERKERS (H6850) in which was discovered the salt mine housing the great gold hoard and art treasure of the Reich.

Not until several days later was the enormous wealth that had been captured fully known. Subsequent investigation revealed that the subterranean chambers contained 100 tons of gold bullion (believed to be all Germany's gold), 5 billion German marks, 2 million dollars in American currency, 4 million Norwegian pounds, 100 million paper French francs, 110,000 English pounds, and a miscellany of Spanish, Italian, Turkish and Portugese currencies.

Among the art works were 1,000 cases of paintings and statues, totalling some 2,000 paintings, including works by Raphael, Rembrandt, Van Dyck, Durer and Renoir. 1,500 priceless tapestries and thousands of engravings as well as 120 cases with original GOETHE collection from WIEMAR rounded out the valuables.

**Abbildung 22: After-Action-Report der 90. Infantry-Division vom 4. April 1945.**

Erster Angriff auf die Rennsteigfestung durch Bodentruppen

Unter dem Kommando von Major Shealy erhielten das 63. Armored-Infantry-Battalion sowie das 42. Tank-Battalion den Befehl den Angriff in Richtung Elgersburg-Schmiedefeld fortzusetzen. Einen Kilometer südöstlich von Goldlauter wurde dieser Vorstoß am Hoffnungs- und Fichtenkopf durch deutsche Einheiten gestoppt. Um 15:00 Uhr versuchten die US-Truppen über einen Flankenangriff den deutschen Widerstand zu brechen. Dieses Vorhaben misslang und wurde gegen 17:00 Uhr durch einen befohlenen Rückzug abgebrochen. An diesem Tag wurden laut US-Angaben 25 deutsche Soldaten getötet und ca. 200 Mann gefangen genommen. Zahlen über eigene Verluste lagen nicht vor.

**5. April, Donnerstag**

Geheimer Tagesbericht der Wehrmachtsführung

*Heeresgruppe G; 7. Armee*
*LXXXV. Armee-Korps: Nachdem der Gegner seine Angriffsvorbereitungen und den Artillerie-Aufmarsch rings um Eisenach beendet hatte ist er im Angriff auf die Stadt. Eine Übergabeforderung wurde vom Kampfkommandanten abgelehnt. Aus dem Raum Eisenach drang der Gegner nach Nordosten mit 180 Panzern in Richtung Langensalza vor. Auf dem Flugplatz Langensalza landeten feindliche Lastensegler und nahmen mit 8 mitgeführten Panzern das Flughafengelände in Besitz. Wutha (6 km südöstlich Eisenach) wurde von eigenen Kräften wieder genommen. Gefangene wurden eingebracht. Gotha befindet sich in eigener Hand, Friedrichroda wurde vom Gegner genommen. Von Mühlberg (12 km südöstlich von Gotha) drangen feindliche Kräfte mit 50 Panzern in Richtung Erfurt vor und nahmen Kleinrettbach. Auf der Autobahn wurden 20 feindliche LKW vernichtet.*
*XII: Armee-Korps: Ohrdruf wurde durch Gegenangriff nach Westen wieder genommen sowie 7 feindliche Panzer abgeschossen. Aus dem Raum südöstlich Ohrdruf drangen feindliche Panzerkräfte gegen Arnstadt vor. Meiningen befindet sich in eigener Hand. Aus dem Raum Untermaßfeld greift der Gegner Themar an. 2 Feindpanzer wurden abgeschossen.*

Bericht der Gemeinde Schmiedefeld

*Die Nacht ist ruhig verlaufen. Schwache Fliegertätigkeit, kein Fliegerangriff. Ab Mittag Beschuss des Ortes durch amerikanische Artillerie aus Richtung Suhl, die Batterie stand am Suhler Friedberg. Trefferlage an der Schmücker-Straße, im Gablenzer-Bach, an der Suhler-Straße und der Brückles-Kirch.*

Situation in Schmiedefeld

Um 10:00 Uhr erhält das Bataillon der Militärschüler der technischen Vorschule der Luftwaffe Suhl den Verlegungsbefehl nach Schmiedefeld. Durch den US-Artilleriebeschuss wird in der Blödnerstrasse in

Höhe des Fritz Annemüller, Frieda Blau getötet. Weiterhin kamen in der Sportplatz-Straße beim Max Wagner, Toni Eger und in der Amtsgasse Alois Spilinek ums Leben.

<u>Eine Schmiedefelder Zeitzeugin erinnert sich</u>

Wir wagten uns der Kinder willen wieder weg vom Haus in Richtung Gershaid. Auf dem Rennsteig, dem Höhenweg, setzten sich wohl, wie man erfahren konnte, Flüchtlinge, Fremdarbeiter, Restteile der Armee, Gefangene und alles was überhaupt dem letzen Inferno entkommen konnte ab. Wir saßen mit unserem Wägelchen und unseren Kindern dort am Weg und harrten der Dinge die wohl kommen sollten. Weil aber öfters mal ins Dorf geschossen wurde kam mein Vater und holte uns. Auf dem Heimweg von der Höhe ins Tal knallten Splitter von Fliegergeschossen um uns und wir waren froh und dankbar, dass wir unbeschädigt unser Haus erreichten. Aber wir erhielten schlechte Nachricht. In der Vesserstraße war Frieda Blau tödlich von einem Splitter getroffen worden und ebenfalls in der Amtsgasse ein Herr Alois Spilinek. Die Schule war inzwischen Lazarett geworden. Wenn es ruhig war, kamen die Jungs der Feldherrnhalle von unten aus ihrer Baracke hoch zu uns. Sie brauchten ein Werkzeug oder eine Decke und hatten immer Hunger. Dafür war immer gesorgt. Auch sie brauchten auch ein bisschen Liebe und Geborgenheit. Das Herz tat einem weh und wir halfen wo wir konnten. Bei einer resoluten Bekannten hatten sich zwei Kindersoldaten eingeschlichen. Sie hat ihnen befohlen sofort die Uniformen auszuziehen und sie mit zivilen Sachen versorgt und bestimmt irgendwo in Sicherheit gebracht.

## 11. US-Armored-Division

*Mit der Einnahme von Suhl-Zella/Mehlis und anderen Ortschaften Thüringens fielen den US-Truppen große Waffenfabriken in die Hände. Unter ihnen war auch die Waffenfabrik Walther in Zella/Mehlis. Eine Vielzahl von Waffen, Waffenteilen und Material wurde beschlagnahmt. Unter anderem: 1.660 Pistolen P-38, 4.600 Pistolen PP und PPK, 598 Signal-Pistolen, 325 Kleinkaliber-Gewehre. Weiterhin 2.210 Scharfschützen-Gewehre mit Zielfernrohren, 4.200 Scharfschützen-Gewehre ohne Zielfernrohr, 1.140 Einzelteile von Waffen, 113 Drehmaschinen, 97 Fräsmaschinen, 41 Bohrmaschinen, 9 Pressen, 2 hydraulische Pressen und 40 Schleifmaschinen. 500 Stück eines neuen Karabiners (gemeint ist hier der Maschinen-Karabiner MKb-42 Walther, Anmerkung des Verfassers).*

5 APRIL 1945

> One of the largest munitions industry prizes of the war fell to the Division with the capture of SUHL, ZELLA MEHLIS, and several surrounding smaller THURINGIA towns. Included was the famed WALTHER Arms Works. A capitulation of the arms, armament parts, and materiel seized in the area included the following: Pistols: P38 - 1,660; 7.65mm - 4,600; Signal - 598; 22 cal. - 325. Sniper rifles and scopes complete - 2,210; scopes incomplete - 4,420; rifles partly assembled - 1,140. 113 lathes, 97 milling machines, 41 drill presses, 9 punch presses, 2 hydraulic presses, and 40 grinders. At least 500 new type enemy carbines and 2,500 Burp guns with sufficient parts for an additional 5,000 were uncovered in SUHL. Over a million rounds of small arms ammunition were included. This materiel was discovered in several large plants and more than 50 small decentralized shops. In addition to weapons, several of the factories produced parts for robot aircraft. (See G-2 Periodic Report #97, 6 April 1945).

**Abbildung 23: After-Action-Report der 11. Armored-Division zur Besetzung der Waffenfabrik Walther Zella/Mehlis, vom 5. April 1945.**

## 26. US-Infantry-Division

Um 7:00 Uhr traf das 101. Infantry-Regiment zur Entlastung der vor Ort befindlichen US-Truppen in Suhl ein. Es wurde sofort mit der Säuberung der besetzten Zone begonnen, wobei nach US-Angaben nochmals 2.200 deutsche Soldaten gefangen genommen wurden sowie sechs Halbkettenfahrzeuge, zwei 7,5 cm Panzerabwehrkanonen, zwei 2 cm Flak-Geschütze und zwei mittlere Panzer zerstört wurden.

Einheiten des 358. Infantry-Regimentes besetzten gemeinsam mit Truppen der 26. Infantry-Division Zella/Mehlis, um den weiteren Vormarsch der 11. Armored-Division zu entlasten. Zella/Mehlis und Oberhof wurden von der 11. Armored-Division an die 90. Infantry-Division komplett übergeben sowie die Bewachung der Waffenfabrik Walther durch diese US-Truppen sichergestellt.

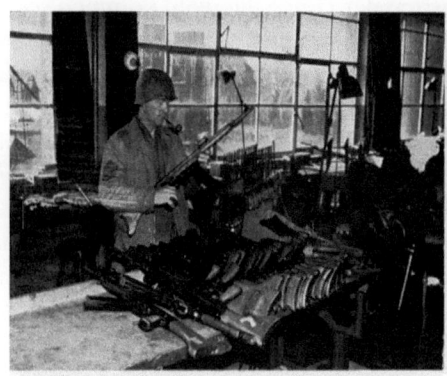

1st/Sgt. George A. Band, of Phoenix, Ariz., examines new type Nazi rifle intended for use by Volkssturm Troopers, but never issued, due to capture of Walther Arms Plant in Zella-Mehlis.

Part of the cache at Zella Mehlis and Suhl

**Abbildung 24: Soldaten der 11. Armored-Division begutachten den MkB-42 Walther und das Volkssturm-Gewehr VG-1 Walther.**

Zweiter Angriff auf die Rennsteigfestung durch Bodentruppen

*Um 7:00 Uhr erhielt das CCA den Befehl einen Angriff zur Einnahme von Schmiedefeld (I1727) und Stützerbach (I2060) vorzutragen. Von Goldlauter (I1330) aus wurde versucht, über den Pochwerksgrund und den Katzentiegel in Richtung Schmücke vorzustoßen. Wiederum wurden die US-Truppen durch starken deutschen Widerstand zwischen dem Fichten- und Hoffnungskopf durch zwei stark verteidigte Panzersperren gestoppt. Soldaten der Kampfgruppe Schroetter, Volkssturm und HJ, welche noch vor Tagen mit modernen Sturmgewehren StG-44 ausgerüstet wurden, leisteten von den steilen Berghängen aus erbitterten Widerstand. Artilleristische Unterstützung kam bei diesen Kampfhandlungen von wenigen Nebelwerfern und Mörsern. Auch dieser US-Vorstoß musste in den späten Nachmittagsstunden erfolglos abgebrochen werden. Vom Standort Oberhof versuchte man nun einen Angriff auf Gehlberg (I1535) zu beginnen, der ebenfalls eingestellt werden musste.*

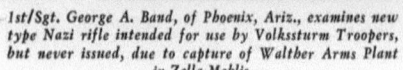

**5 APRIL 1945**

Authority NND 735017
by NARA Date 6/17/05

At 0700B CCA renewed attempts to captured SCHMIEDEFELD (I1727) and STUTZERBACH (I2060). Electing to attack with two task forces in column up a short mountain valley, a fast advance was made until the head of the valley near GOLDLAUTER (I1330) was reached. Enemy resistance stiffened and two defended roadblocks on dominating wooded terrain, with automatic weapons placed in flanking positions, delayed progress. The enemy withdrew when dismounted infantry outflanked the position. Strong opposition from the high ground northwest of SCHMIEDEFELD halted further progress. Under automatic weapon and nebelwerfer fire, further dismounted action was undertaken with only limited success. At nightfall the bulk of the force withdrew to SUHL.

Before daylight enemy activity east of OBERHOF indicated possible enemy preparations for a counterattack, but no action developed. Patrols sent out to the north and east during the day were able to reach points 5 to 10 kilometers from OBERHOF before making enemy contact. Div Arty fired several neutralizing missions to eliminate sporadic enemy mortar and artillery fire that fell in OBERHOF during the day. An enemy position in and around GEHLBERG (I1535) was given particular attention. Intermittent rain lim ted use of liaison planes for flank patrols. All flight reports were negative.

**Abbildung 25: After-Action-Report der 11. Armored-Division zum zweiten Angriff auf die Rennsteigfestung, vom 5. April 1945.**

## 6. April, Freitag

Geheimer Tagesbericht der Wehrmachtsführung

*Heeresgruppe G; 7. Armee*
*LXXXV. Armee-Korps: Über Mühlhausen stieß der Gegner nach Osten und aus dem Raum Langensalza noch Nordosten vor und überschritt bei Greußen den Flußabschnitt. Zugleich drangen Feindkräfte aus Langensalza nach Südosten auf Erfurt vor. Eisenach ging verloren. Aus Gotha, das vom Feind genommen wurde, drangen feindliche Panzerkräfte nach Nordosten und nach Südosten in den Raum 12 km südwestlich Erfurt vor. Friedrichroda hielt sich trotz heftiger Feindangriffe. Nach Osten vorstoßend drang der Feind erneut in Ohrdruf ein, von wo er nach Südosten weiter vorging.*
*XII. Armee-Korps: Aus dem Raum Suhl nach Südosten vorgehend, nahm der Feind Schleusingen. Eigene Kräfte erreichten, nach Norden über die Line Themar-Ostheim angreifend, den Werra-Abschnitt bis südlich Meiningen-Bettenhausen-Nordheim und konnten dadurch rückwärtige Verbindungen des Feindes abschneiden. Meiningen und Gersfeld gingen verloren.*

Bericht der Gemeinde Schmiedefeld

*Der Freitag endete wieder ohne besondere Vorkommnisse. Die Nacht verlief verhältnismäßig ruhig.*

11. US-Armored-Division (Hauptquartier: Zella/Mehlis)

Den 6. April verbrachte die Division mit Wartungsarbeiten. Um eine verbesserte Gefechtssituation zu erzielen, wurde auf die vorrückenden Einheiten der 26. und 90. Infantry-Division gewartet. Ungefähr 4.500 deutsche Soldaten konnten in den ersten fünf Tagen des April gefangen genommen werden sowie 1.000 alliierte Kriegsgefangene wurden befreit.

*Um 1:25 Uhr ging der Befehl Nr. 18 im Hauptquartier des XII. US-Korps ein. Er besagte, dass der Vormarsch in Richtung Osten (Angriffsziel Berlin) gestoppt werden sollte, verbunden mit einem Süd-Schwenken der US-Truppen in Richtung Bayern, Tschechoslowakei und Österreich. Parallel wurde der 26. und 90. Infantry-Division befohlen, die Ortschaften des Thüringer Waldes zu besetzten und nach erfülltem Kampfauftrag der 11. Armored-Division in Richtung Süden zu folgen.*

6 APRIL 1945

Field Order #18, Hq XII Corps, was received at 1325B outlining plans for a continuation of the advance to the east and southeast, while VIII Corps to the north continued a limited advance directly east. Fanning out to the southeast, XII Corps planned an attack through the THURINGIA WALD as far as the CZECHOSLOVAKIAN border, with the 90th and 26th Inf Divs abreast. On the south flank the 71st Inf Div was ordered to protect the Corps south flank west of MEININGEN and was assigned a zone to clear in rear of 11th Armd Div attack to the southeast. Upon relief by the 26th Inf Div the 11th Armd Div was directed to seize an assembly area along a line SCHLEUSINGEN (I1316)-HILDBURGHAUSEN (I1207), not later than 8 April, and prepare plans to advance toward BAYREUTH (07755), capturing successive assigned objectives enroute.

**Abbildung 26: After-Action-Report der 11. Armored-Division vom 6. April 1945.**

26. US-Infantry-Division

Einheiten der 26. Infantry-Division trafen nun zur Unterstützung der 11. Armored-Division in Suhl ein. Hier wurden insbesondere die Besetzung der Stadt und die Bewachung der Waffenfabriken realisiert.

Bei diesen Kampfhandlungen fiel:[28]

    *- Albert J. Kachinskas, 101. Infantry-Regiment, geb. 1919 in Baltimore City Maryland, Dienstgrad PFC[29], begraben War Cemetery Margraten, Holland*

## Albert J. Kachinskas

**ID: 33138505**
**Entered the Service From: Maryland**
**Rank: Private First Class**

**Service: U.S. Army, 101st Infantry Regiment, 26th Infantry Division**

**Died: Friday, April 06, 1945**
**Buried at: Netherlands American Cemetery**
**Location: Margraten, Netherlands**
**Plot: I Row: 11 Grave: 13**

**Awards: Bronze Star, Purple Heart**

**Abbildung 27: PFC Albert J. Kachinskas, gefallen bei den Kämpfen um Schmiedefeld.**

<u>90. US-Infantry-Division</u> (Hauptquartier: Bad Salzungen)

Teile des 358. Infantry-Regimentes wurden durch Einheiten der 87. US-Infantry-Division im Raum Bad-Salzungen abgelöst und setzten ihren Vormarsch in Richtung Zella/Mehlis fort. Im Verlauf des Tages besetzte das 2. Battalion des 357. Infantry-Regimentes Schmalkalden und stieß über Floh bis nach Oberschönau vor. Weitere Einheiten trafen zur Sicherung von Zella/Mehlis und der dort ansässigen Waffenfabriken ein.

<u>Dritter Angriff auf die Rennsteigfestung durch Bodentruppen</u>

Wiederum erfolgte ein Vorstoß der 11. Armored-Division von Goldlauter aus durch das Hoffnungstal in Richtung Mordfleck. Der deutsche Widerstand brachte die US-Truppen unter dem Kommando Shealy und Picket erneut zum Stehen. Das enge Tal, flankiert von Hoffnungs- und Fichtenkopf, bot den deutschen Truppen ein hervorragendes Gefechtsgelände, um mit einer geringen Bewaffnung den weitaus überlegenen Gegner zu stoppen. Bei hereinbrechender Nacht zogen sich die US-Einheiten geschlagen nach Goldlauter zurück. Wieder war es der Kampfgruppe Schroetter und den Resten der 2. Deutschen-Panzerdivision gelungen, den Vormarsch der Amerikaner auf die Rennsteigfestung zu stoppen.
Ein Befehl des US-Hauptquartieres sah für die 26. Infantry-Division einen sofortigen Parallelangriff in Richtung Schmiedefeld vor. Gestartet wurde am Ortsausgang Suhl, am zerstörten "Kurhaus-Hubertus", über den Ringberg in Richtung der Suhler-Wegscheide. Durch stark befestigte Panzersperren wurde der Vormarsch immer wieder unterbrochen und an der Wegscheide durch Truppen der "Kampfgruppe Kurt von Berg" und den dort zum Einsatz gebrachten Volkssturm gestoppt. Des Weiteren waren auch Soldaten der "Feldherrnhalle" an diesem Gefecht beteiligt.

**7. April, Samstag**

<u>Geheimer Tagesbericht der Wehrmachtsführung</u>

*Heeresgruppe G; 7. Armee*
*LXXXV. Armee-Korps: Im Korpsabschnitt setzte die Zivilbevölkerung der Verteidigung von Ortschaften zumindest passiven Widerstand entgegen. Selbst, in von eigenen Truppen besetzten Ortschaften, wurden weiße Flaggen gehisst. Der Volkssturm hat sich im Korpsabschnitt selbst bzw. auf Befehl von jeweiligen Volkssturm-Führern aufgelöst. Friedrichroda wurde vom Feind genommen.*
*XII: Armee-Korps: Aus Zella/Mehlis und Suhl nach Osten angreifende Feindkräfte wurden abgewiesen. Aus Themar drang der Gegner nach Südosten über Hildburghausen auf Eisfeld vor. Die im Raum west-*

---

[28] US-NARA Washington, www.findagrave.com, so bei allen US-Gefallenen weiter folgend.
[29] PFC: Privat First Class, Gefreiter; Privat: Soldat (siehe US-Dienstgrade Kapitel 3)

*lich Meiningen kämpfenden eigenen Kräfte versuchen sich nach Süden durchzuschlagen. Aus der Linie Meiningen-Gersfeld drang der Gegner auf breiter Front nach Südosten vor und erreichte die Straße Meiningen-Bad/Neustadt und Gersfeld. Aus Bad/Neustadt, das von Feind genommen wurde, drang er weiter nach Süden vor.*

### Bericht der Gemeinde Schmiedefeld

*Wieder einsetzen des Artilleriebeschusses, jetzt auch aus der Gegend Goldlauter-Heidersbach. Am Nachmittag Tieffliegerangriff auf Schmiedefeld, der erhebliche Schäden zur Folge hat. In der Nacht viele Einwohner in den Wäldern, in den alten Stollen am Crux, an der Schönen-Wiese, im Vessertal. Beschießung geht auch in der Nacht weiter, Salven von drei Schuss in halbstündigen Abständen.*

*Folgende Gebäude wurden durch Artillerie- und Bordwaffenbeschuss vom 5. bis 7. April zerstört:[30]*
  1. *Gastwirtschaft und Hotel zur Post, Marktstraße 2, Besitzer Krügelstein, Totalschaden*
  2. *Wohnhaus Schneider, Marktstraße 5, Vorder- und Seitengebäude schwer beschädigt*
  3. *Wohnhaus August Sieder, Marktstraße 16, Totalschaden*
  4. *Wohnhaus Glasbläser Alfred Sieder, Fritzestraße 7a, Totalschaden*
  5. *Wohnhaus Karl Schmidt, Vesserstraße 5, Totalschaden*
  6. *Wohnhaus Fanny Schmidt, Blödnerstraße 6, Totalschaden*
  7. *Wohnhaus Herrmann Annemüller, Saalebachstraße 10, Totalschaden*
  8. *Wohnhaus Heinrich Sieder, Bergstraße 10, Totalschaden*
  9. *Wohnhaus Fritz Krämer, Bergstraße 12, Totalschaden*
  10. *Wohnhaus Alfred Schneider, Bergstraße 14, Totalschaden*
  11. *Wohnhaus Paul Blau, Bergstraße 16, Totalschaden*
  12. *Wohnhaus Franz Eckardt, Bergstraße 22, Totalschaden*

### Situation in Schmiedefeld

Die bis zum 7. April uneinnehmbare "Rennsteigfestung" um Schmiedefeld bereitete den Amerikanern große Probleme, den Zeitplan des befohlenen Vormarsches einzuhalten. Es war nicht gelungen, trotz mehrerer Angriffe, die steilen und engen Waldwege als Vormarschrouten zu nutzen und die befohlenen Geländegewinne zu erzielen. Aus diesem Grund versuchte man durch eine detaillierte Luftaufklärung die aktuelle Lage zu analysieren. Von einem US-Aufklärungsflugzeug wurde folgende fehlerhafte Beobachtung an den Divisionsgefechtsstand in Suhl weitergegeben:

Dazu der originale Text aus dem Buch "Thunderbolt, Hal. D. Stewart, Washington DC 1948". Teilweise finden sich diese Information in den After-Action-Reports der 11. Armored-Division mit Datum vom 8. April 1945 wieder. Wahrscheinlich wurde der zitierte Aufklärungsflug dieser Einheit erst später gemeldet, da sie sich zu diesem Zeitpunkt bereits auf dem Vormarsch Richtung bayrische Grenze befand (siehe Abbildung 28).

*"(Zitat) Reports from Intelligence continued to point to a concentration of 2,000 SS troops, reinforced by 80 tanks, situated in the area of Schmiedefeld, preparing to recapture Suhl. Division Artillery and seven squadrons of Division controlled fighter-bombers were concentrated on this area throughout the day and fires continued into the night. Although exact results of this shelling and bombing were unknown, the enemy failed to attack."*

Übersetzung:
*"(Zitat) Berichte der Aufklärung besagten eine Konzentration von 2.000 Mann SS-Truppen und von 80 Panzern im Bereich von Schmiedefeld, die Vorbereitung trafen Suhl zurückzuerobern. Abteilungen der Divisions-Artillerie und sieben Jagdbomber Staffeln belegten das Gebiet den ganzen Tag und die Nacht mit konzentriertem Feuer. Genaue Ergebnisse des Beschusses und der Bombardierung waren unbekannt, der Feind trug keinen Angriff vor."*

---

[30] ThStAGotha, Bestand Kreisrat Suhl

Nun wurde man in den Befehlsständen der US-Truppen unruhig. Die westliche Ausbuchtung der Front, mit der bis zu diesem Zeitpunkt uneinnehmbaren Rennsteigfestung, sollte mit aller Wucht begradigt werden. Es wurde ein Vorstoß für den 8. April durch die 26. Infantry-Division aus südlicher Richtung geplant. Am Morgen einsetzendes Sirenengeheul kündigte für die Schmiedefelder Einwohner den Angriff der US-Artillerie an. Viele Menschen flohen in die Wälder. Von 18:00 Uhr bis 2:00 Uhr nachts erfolgte ein erneuter US-Artillerie- und Luftangriff mit dem Einsatz von Brandbomben.

**Abbildung 28: Hinweis zum US-Aufklärungsflug am 7. April 1945 über Schmiedefeld.**

Eine Schmiedefelder Zeitzeugin erinnert sich

Morgens bin ich nochmals ins Dorf zur Post gegangen. Plötzlich rief eine Bekannte aus dem Fenster: "Hildegard, mach dass du heimkommst, Schmiedefeld wird angegriffen." Ich lief noch schnell nach Hause, zog gerade meine Schuhe aus, da tat es vor der Haustür einen fürchterlichen Einschlag. Wir erreichten gerade noch die Kellertür und kamen erschrocken und zitternd hinunter, wo alle unsere Angehörigen, samt einer Nachbarin versammelt waren. Den Kindern hatten wir auf den Kartoffeln ein Lager errichtet. Wir saßen in Angst und Bangen aneinander geschmiegt, Hilferufe gen Himmel schickend, und draußen krachte es an allen Ecken und Enden. Nach längerer Zeit ging mein Vater mal hoch und rief: "Unten brennt es überall im Dorf." Als wir dann nach Stunden hochkamen, erlebten wir ein Bild des Schreckens. Unsere Haustür war in Stücke zerrissen. Ein riesen Loch befand sich im Haus. Einzelne Splitter hatten das Treppengeländer durchschnitten. Als wir uns dann nach draußen wagten, standen wir vor einem großen Granattrichter ganz nah vor unserem Haus im Garten. Hinter dem Haus, wo der Stall war, ein ebensolcher Trichter, die Stalltüren waren aus den Angeln gerissen und drinnen schrie die Kuh mit ihrem Prallen Euter, so kurz nach dem Kalben. Dazwischen stand unser wohl schwerbeschädigtes Haus aber noch bewohnbar, Gottes Hände hatten sich ganz bestimmt darüber gebreitet.
Wir gingen durch das Dorf hinüber zu Gartenstraße. Das Haus der Schwiegereltern meines Bruders stand offen und war menschenleer. Wir fanden nur eine große Unordnung vor. Es schien, als hätte dort schon der Ami gehaust, denn leere Wurstbüchsen, Silberbesteck und vieles mehr, lag verstreut im Garten.
Als wir durch den Ort gingen, vernahmen wir nun erst mal, dass diese Nacht das Hotel Post, daneben das Friseurgeschäft Schneider und weiter hinten in der Marktstraße ein Wohnhaus abgebrannt waren. Oben auf der Bergstraße wurden vier Häuser vom Brand vernichtet und zwei weitere Häuser in der Vesserstraße.

Doch hier muss ich das schlimmste Erlebnis noch einfügen. Das war der Tod der uns so nahestehenden 6 Jungs samt dem lieben Dr. Hoppe, die sich bei dem Angriff in den Splittergraben geflüchtet hatten und der von einem Volltreffer getroffen wurde. Ach wären sie doch herauf auf den Heimig zu uns gekommen. Später hörte man, Aufklärungsflieger hätten die Soldaten hier unten gesehen und der Feind lag ja direkt gegenüber auf dem Erleshügel, somit wurde wohl daher diese Ecke als Ziel bestimmt.

Vierter Angriff auf die Rennsteigfestung durch Bodentruppen

26. US-Infantry-Division (Hauptquartier: Suhl)

Bei der Einnahme von Themar und Meiningen wurde die 11. Armored-Division durch Truppenverbände der 26. Infantry-Division unterstützt. Weiterhin sicherten diese Truppen Schleusingen vor einem erneuten deutschen Angriff. Die Verbindung zur 90. Infantry-Division im Raum Suhl-Zella/Mehlis wurde hergestellt.

90. US-Infantry-Division

Für das 1. Batalion des 357. Infantry-Regimentes verlief der Tag ziemlich ruhig, da diese Soldaten zur Sicherung des Salzbergwerkes in Merkers eingesetzt wurden. Völlig anders stellte sich die Gefechtssituation im Raum Zella/Mehlis-Suhl dar. Einheiten der 26. und 90. Infantry-Division versuchten mit mehreren erfolglosen Angriffen die Rennsteigfestung im Gebiet der Schmücke und Schmiedefeld einzunehmen. Auch am 7. April konnten die technisch weit überlegenen US-Truppen keinen Erfolg verzeichnen. Das 343. und 344. Field-Artillery-Battalion bezogen Stellung in Goldlauter-Heidersbach, um den Vorstoß der beiden Infantry-Divisionen mit Artillery zu unterstützen. Das 359. Infantry-Regiment beseitigte Panzersperren auf der Zufahrtsstraße nach Oberhof. Widerstand kam aus den umliegenden Wäldern von ca. 50 deutschen Soldaten. Bei diesen Gefechten verloren 20 Wehrmachtsangehörige ihr Leben, 30 wurden gefangen genommen.

Während dieser Kampfhandlungen fielen folgende US-Soldaten:

> - *Marion A. Parisi, 101. Infantry-Regiment, geb. in Broome County New York, Dienstgrad PFC, begraben War Cemetery Margraten, Holland*
> - *Eugene R. Spaid, 101. Infantry-Regiment, geb. in Lake County Illinois, Dienstgrad Tec4, begraben War Cemetery Margraten, Holland*

**8. April, Sonntag** (siehe Landkarte aus Abbildung 32)

Geheimer Tagesbericht der Wehrmachtsführung

*Heeresgruppe G; 7. Armee*
*LXXXV. Armee-Korps: Aus dem Raum Langensalza-Gotha-Erfurt keine neuen Meldungen. Von Norden ist der Gegner erneut in Ohrdruf eingedrungen. Aus Zella/Mehlis nach Ostsüdost vordringend, nahm der Feind Stützerbach, eigener Gegenangriff aus dem Raum Ilmenau ist im Gange. Ein eigener Angriff von Südosten zur Entsetzung der in Schleusingen eingeschlossenen eigenen Kräfte drang nicht durch. Aus Hildburghausen nach Westen vordringende Panzerkräfte nahmen Römhild.*

Bericht der Gemeinde Schmiedefeld

*Vormittag ruhig verlaufen. Ab Mittag näherkommendes Infanteriefeuer zu hören. Deutsche Truppen gehen zurück. Kommandostand ist das Heimig Forsthaus, der Hauptverbandsplatz am Waldrand dicht dahinter. Zwischen 15:00 und 15:30 Uhr Eintreffen amerikanischer Schützenpanzerwagen und Panzerspähwagen aus Richtung Suhl, Vessertal und Engertal. Durchsuchung der Häuser nach deutschen Soldaten, sofortige Räumung der Häuser in folgenden Straßen: Suhler-Straße, Schmücker-Straße, Sied-*

lung. *Aufstellung der anrückenden Kolonnen auf Wiesen und Äckern der Suhler-Straße und der Schmücker-Straße. Belegung des Ortes mit Kampftruppen. In Stellung gehen der Artillerie und Wiederaufnahme des Beschusses Richtung Rennsteig. Frauenwald wird vom Stutenhaus aus beschossen. Gemeindeverwaltung amtiert wie bisher zunächst weiter. Am Nachmittag Rückkehr der meisten geflüchteten Einwohner, die ihre Häuser zumeist schon belegt finden und kaum einige ihrer Sachen herausholen können.*

Situation in Schmiedefeld

Ein erneut einsetzender US-Artilleriebeschuss und heftiges Infanteriefeuer kündigte den Schmiedefelder Einwohnern weitere Kampfhandlungen an. Die letzten Verteidiger der deutschen Wehrmacht und der Standarte Feldherrnhalle verlassen Schmiedefeld. Um ca. 15:00 Uhr war Schmiedefeld vom 101. und 328. Infantry-Regiment vollständig besetzt. Die am Bahnhof-Rennsteig befindliche, streng geheime Rüstungsfabrik "Gustloff-Rennsteigwerk" erreichten diese US-Einheiten am Abend des 8. April nicht mehr. Der Vormarsch wurde wegen der hereinbrechenden Nacht in Schmiedefeld gestoppt und auf den 9. April verschoben.

Gefallene auf deutscher Seite vom 6. bis 8. April 1945[31]

*Suhl-Wegscheide:*
- ein unbekannter Soldat am Himmelreich

*Stutenhaus-Vesser:*
- *Fritz Feuer, geb. 16.5.1928 Lichtenberg, SA-Standarte-Feldherrnhalle*
- *Günther Zwallna, geb. 27.4.1928 Drigelsdorf Kreis Johannisburg Ostpreußen, SA-Standarte-Feldherrnhalle, Kopfschuss*

*Massengrab auf dem Friedhof Schmiedefeld für Angehörige des 11. Marschsturms der Fallschirmjäger der SA-Standarte-Feldherrnhalle:[32]*
- *Helmuth Klopfer*
- *Erwin Klunschnig*
- *Konrad Korößel*
- *Karlheinz Niedermeyer, Frankfurt am Main*
- *Gerhard Aohl*
- *Lucas Piskorek*
- *Günther Reinboth*
- *Bruno Achenbach, Leipzig*
- *Werner Bierau, Niederröblingen*
- *Harry Dirks, Saalfeld*
- *Karl Heb, Köln*
- *Dr. med. Hoppe*
- *Wernfried Jakob, Saalfeld*
- *Peter Kamentschuck*
- *Herbert Reißenweber*
- *Paul Röder, Plauen im Vogtland*
- *Gerhard Sauer, Falkenstein im Vogtland*
- *Ernst Schlossarack, Breslau*
- *Gerhard Schmucker, Braunlebra*
- *vier Unbekannte*

*Mordfleck-Schmücke-Gehlberg:*
- *vier Unbekannte*

---

[31] Zu den jeweiligen deutschen Einheiten der gefallenen Soldaten konnten nur teilweise Informationen aufgefunden werden.
[32] Archiv Klaus-Dieter Völker Schmiedefeld.

**Abbildung 29: Grab eines unbekannten Soldaten am Himmelreich bei Suhl. Gedenkstein für die Gefallenen der Kämpfe um Schmiedefeld auf dem dortigen Friedhof. Doppelgrab am Stutenhaus.**

<u>Eine Schmiedefelder Zeitzeugin erinnert sich</u>

An diesem schrecklichen Morgen gingen wir mit Zittern und Zagen, ob der Flieger noch über uns, Richtung Sportplatz, I-Linie, den Ruppach hinunter ins Vessertal. Der Weg führte durch niedrigen Wald und links und rechts hörten wir Stimmen von kleinen Trüppchen Einwohnern, die sich bereits niedergelassen hatten. Wir liefen bis zur Wiese unter der Sprungschanze. Gefällte Bäume und grüne Zweige sowie Decken, die wir uns alle mitgenommen hatten, boten sich als Ruheplatz. Bekannte traf man und immer kamen noch welche dazu, es war ja eine Schicksalsgemeinschaft in dieser kritischen Situation. Etliche Frauen hatten eine Kötze mit Betten aufgehockt, denn alles Tun lief irgendwie planlos ab. Plötzlich tauchte auch meine Mutter auf und man freute sich, dass sie uns gefunden hatte. Man war einwenig interessen- und kraftlos geworden. Es machte sich dann doch etwas Gelassen- und Sicherheit ihren Platz, denn man glaubte, vom Feind hier unten nicht aufgestöbert zu werden und die Hauptstraßen waren durch Panzersperren nicht befahrbar.

Doch solche Logik gibt es bei Kriegshandlungen nicht. Das sollten wir hier unten alle noch erfahren. Plötzlich hörte man aus der Ferne den Krach schwerer Fahrzeuge. Das brachte Unruhe in die Menge der Leute und ehe man sich versah, kamen amerikanische Panzer aus Richtung Breitenbach, dem unteren Vessertal und fuhren durch dick und dünn in Richtung Schmiedefeld, ohne von uns Notiz zu nehmen. Da fiel allen hier unten der Angststein vom Herzen. Wir Frauen hatten aber trotzdem keinen Heldenmut, doch die wenigen Männer mahnten zur schnellen Rückkehr. Das taten wir auch alle. Mit den Kindern an der Hand und den Kleinen auf dem Rücken schlossen wir uns der Menschenschlange in Richtung Schmiedefelder Sportplatz an. Als wir dort näher kamen, rief uns ein Mann zu: „Ihr Frauen nehmt eure Taschentücher und winkt den Amis, die an ihren Panzern auf dem Sportplatz stehen, als Zeichen, dass wir uns ergeben." Ganz unbehelligt konnten wir unseren Weg nach unserem Zuhause fortsetzten. So kamen wir endlich müde und abgespannt, aber wohlbehalten auf unserem verletzten Heimig an.

Keiner sollte ins Haus, aber nach gutem Zureden und beim Anblick der Kinder hatten die Amis doch ein Einsehen und wir durften in den Keller, der einer Katakombe glich. Dort konnten wir mit Matratzen für die Kinder ein Nachtlager schaffen. Im Haus war ein tolles Durcheinander, da hatten die Amis gehaust, sich was Essbares gesucht und auf dem Küchentisch lag ein großer Haufen zerlegter Uhrenteile. In der Försterei war nach dem deutschen Stab der amerikanische eingezogen. Nur meine Eltern mussten auf dem offenen Heimig bleiben und das Vieh wollte trotz allem auch versorgt sein. So machten wir uns daran den gröbsten Dreck zu beseitigen.

Situation in Frauenwald[33]

Dem Frauenwalder Volkssturm wurde am Morgen des 8. April befohlen, die „Schwarz-Wasser-Brücke" zwischen Frauenwald und Schmiedefeld zu verteidigen. Die Truppe unter dem Kommando von Erich S. errichtete nun primitive Stellungen an diesem Ort. Bewaffnet mit Karabinern und Panzerfäusten stellte dieser "wilde Haufen" keine Bedrohung für die US-Truppen dar. Am Nachmittag kam ein Schmiedefelder Junge aus Richtung Friedhof gelaufen und berichtete den Volkssturmmännern, dass die Ortschaft komplett von den Amerikanern besetzt wäre. Erich S. entschloss sich sofort die Waffen zu vergraben und schleunigst den Heimweg nach Frauenwald anzutreten. Diese Vorgehensweise war gegebenenfalls sehr gefährlich, da die Einheiten des 101. Infantry-Regimentes Frauenwald erst am 9. April besetzten und vor Ort noch der NSDAP-Ortsgruppenführer Hessenmüller das Kommando hatte und die Standarte Feldherrnhalle ihr Hauptquartier im Gasthaus "Drei-Kronen" besetzt hielt. Heimlich konnte man sich bis zum Einmarsch der US-Truppen verbergen. Durch diese mutige Tat wurden wahrscheinlich einige Menschenleben vor dem sicheren Tod bewahrt.

Fünfter Angriff auf die Rennsteigfestung durch Bodentruppen

26. US-Infantry-Division

101. Infantry-Regiment

Einheiten der 26. Infantry-Division begannen am Morgen des 8. April den befohlen Angriff zur Zerschlagung des Eckpfeilers der "Rennsteigfestung", dem bis dahin uneinnehmbaren Ort Schmiedefeld.
Das 101. Infantry-Regiment drang vom Standort Schleusingen, über Hinternah und Schleusingerneundorf, in Richtung Schmiedefeld vor. Marschwege waren das Nahetal und der Höhenzug der I-Linie. Zur artilleristischen Unterstützung wurde diese Einheit vom 91. Chemical-Mortar-Battalion begleitet. In Höhe der Thomasmühle trennten sich diese Einheiten. Der eine Teil behielt die Stoßrichtung Schmiedefeld bei, der andere Teil marschierte über den Dillersgrund in Richtung Frauenwald. Da das Tal des Dillersgrundes nur mit niedrigem Baumbewuchs versehen war, kamen die US-Truppen sehr zügig voran. Für die deutschen Verteidiger fehlte es an starken Bäumen, um gut gesicherte Panzersperren zu errichten. Aus welchem Grund Frauenwald erst am 9. April besetzt wurde, konnte nicht ermittelt werden.

**Abbildung 30: Einheiten des 101. US-Infantry-Regimentes auf ihrem Marsch durch das Glasbachtal in Schleusingerneundorf.**

---

[33] Hellmuth Deckert; Chronik Frauenwald und Allzunah 1957, Archiv des Autors, Aussagen verschiedener Zeitzeugen sowie diverser Überlieferungen, so bei jedem aufgeführtem Bericht folgend, auszugsweise zitiert.

Folgende US-Soldaten verloren ihre Leben bei Kampfhandlungen mit der Kampfgruppe Kurt von Berg, der 11. Deutschen-Panzer-Division sowie der Standarte Feldherrnhalle:

- *Hugh M. Steele Jr., 101. Infantry-Regiment, geb. 5. April 1919 in Chesterfield Virginia, Dienstgrad Capt.[34], begraben Sunset Memorial Park Cemetery Chesterfield, Virginia*
- *Robert H. Domesek, 101. Infantry-Regiment, geb. 29. Juni 1911 in Allegheny North Pennsylvania, Dienstgrad PFC, begraben auf dem jüdischen Friedhof Shara Tifilo Cemetery, West Roxbury, Suffolk County, Massachusetts*
- *Herman F. Myers, 101. Infantry-Regiment, geb. 23. Dezember 1918 in Durhan North Carolina, Dienstgrad PFC, begraben Maplewood Cemetery Durhan, North Carolina*

**Abbildung 31: Grabstätten der US-Gefallenen vom 8. April bei den Kampfhandlungen um Schmiedefeld.**

<u>328. Infantry-Regiment</u>

Der Vorstoß des 328. Infantry-Regimentes wurde vom Standort Breitenbach über das Vessertal vorgetragen. Die angelegten Panzersperren wurden dabei schnell überwunden. In welchem Maß die Höhenzüge um das Stutenhaus von Suhl und Breitenbach in die Kampfhandlungen mit eingebunden wurden, konnte anhand der vorliegenden Informationen nicht ermittelt werden. Unter der Vesserer Sprungschanze trennte sich das Regiment. Ein Angriffskeil operierte in Richtung Vesser-Schmiedefeld, der andere Teil über den Ruppach zum Schmiedefelder Sportplatz. Gefallene dieser Kampfhandlungen konnten für das 328. Infantry-Regiment nicht ermittelt werden.

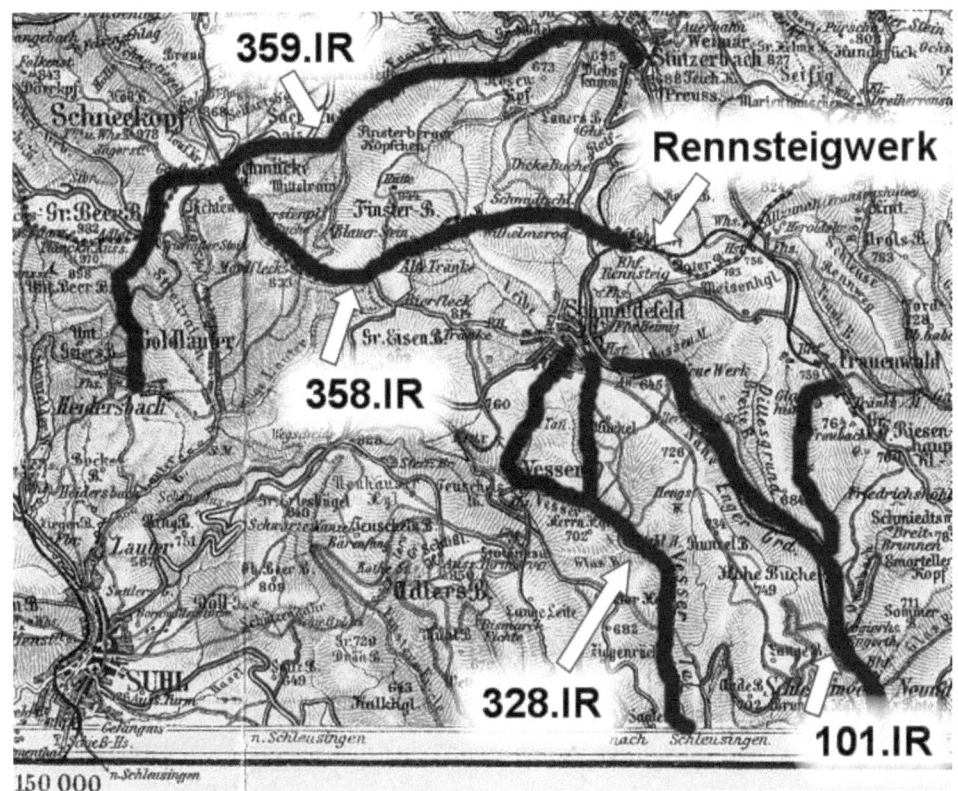

**Abbildung 32: Marschwege der US-Infantry-Regimenter auf Schmiedefeld am 8. April 1945.**

---

[34] Capt.: Captain, Hauptmann

<u>90. US-Infantry-Division</u> (Hauptquartier: Zella/Mehlis)

*Die 90. Infantry-Division erhielt den Tagesbefehl von Oberhof aus Stützerbach zu besetzten. Das Gelände des neuen Kampfabschnittes wurde als sehr schwierig eingestuft. An einigen Orten lag noch Schnee und der Vormarsch wurde durch feindliche Panzersperren stark behindert. Jedoch fühlte sich die 90. Infantry-Division diesen Umständen gewachsen, wurde sie doch auf ihrem Kampfweg durch die Ardennen als „Wald- und Berge Division" bezeichnet.*

*Das 358. Infantry-Regiment startete einen erneuten Angriff von Goldlauter in Richtung Schmücke. Der Kampf der C Kompanie des 1. Bataillons dauerte mehrere Stunden an. Wahrscheinlich trafen die Einheiten am Fichtenkopf und am Mordfleck auf erheblichen deutschen Widerstand, hier ins Besondere auf Einheiten der Kampfgruppe Schroetter und der 11. Deutschen-Panzer-Division. Noch heute zeugen in der Gegend der Schmücke und am Mordfleck vier deutsche Soldatengräber von den Kämpfen des 8. April. Gegen Abend konnte man den Widerstand der deutschen Verteidiger durch die eigene technische Überlegenheit brechen. Stützerbach wurde vom 1. Bataillon (C-Company) und 3. Battalion (K und L-Company) besetzt, wo man auch die Nacht verbrachte.*

*Das 2. Bataillon des 358. Infantry-Regimentes, unter der Führung von Major Thomas L. Morris, war durch die andauernden Kämpfe wahrscheinlich etwas nach Südosten vom befohlenen Weg abgekommen. Den geschlagenen Verteidigern aus dem Gebiet der Schmücke und der Wegscheide folgend, erreichten die Soldaten den Raum der Rennsteigkreuzung. Nach kurzem Infanteriegefecht mit Einheiten der Kampfgruppe Schroetter, des Flak-Ersatz-Bataillons 59, der Feldherrnhalle und Resten der 11. Panzer-Division wurde das Rennsteigwerk am Abend des 8. April 1945 fast kampflos besetzt. Im geheimen After-Action-Report der 90. Infantry-Division fand sich ein Hinweis zu den Kampfhandlungen am Rennsteigwerk. Der Geheimhaltungsgrad dieses Berichtes wurde am 27. September 1953 aufgehoben.*

*2nd Battalion had a skirmish with enemy infiltrators but advanced along the regimental right to the railroad tracks Northeast of SCHMIEDEFELD (J1827). Only slight resistance from small arms and automatic weapons was encountered.*

Übersetzung:
*Das 2. Bataillon hatte ein Gefecht mit deutschen Soldaten rechts der Bahngleise nördlich von Schmiedefeld. Die US-Soldaten wurden mit Handfeuerwaffen und automatischen Waffen beschossen.*

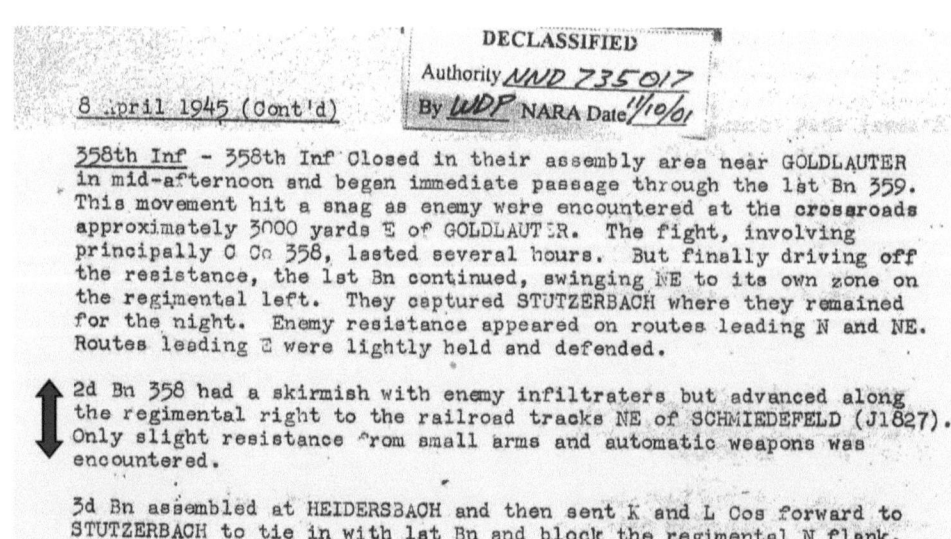

**Abbildung 33: After-Action-Report des 358. Infantry-Regimentes vom 8. April 1945, mit einem Hinweis zu den Kampfhandlungen am Rennsteigwerk sowie am Bahnhof Rennsteig.**

*Das 3. Battalion des 359. Infantry-Regimentes startete um 06:40 Uhr, nach einer Artillerievorbereitung des 343. Field-Artillery-Battalions, seinen Angriff von Goldlauter (J1313) in Richtung Schmücke und Gehlberg (J1535). Dieser Vorstoß kam immer wieder ins Stocken, da die US-Truppen von der Suhler-*

*Wegscheide aus mit Mörsern und Nebelwerfern beschossen wurden. Nach harten Kämpfen drangen die US Truppen an eine Kreuzung vor, die von ihnen mit "2400 Yards südlich von Gehlberg" bezeichnet wurde. Es kann sich nur um die Schmücke gehandelt haben. Hier kam der Angriff komplett ins Stocken. Starkes deutsches Feuer aus Maschinengewehren und Panzerfäusten schlug den US-Einheiten entgegen. Nachdem der deutsche Widerstand gebrochen war, setzte das 3. Battalion seinen Vormarsch Richtung Gehlberg fort. Bis zum Einbruch der Nacht hatte man verschiedene Panzersperren niedergekämpft und den Bereich der "Zwei-Wiesen", nördlich von Stützerbach (J2130), an der Salzmannstraße erreicht. Bei diesem Kämpfen verlor ein weiterer deutscher Soldat sein Leben. Ein Grabstein an den "Zwei-Wiesen" erinnert noch heute an diese Kämpfe.*

```
                                           DECLASSIFIED
                               Authority NND 735017
     8 April 1945 (Cont'd)     By WDP NARA Date 11/10/01

     359th Inf - Following an artillery preparation at 0640, 359th Inf
     launched a new attack with 3d and 1st Bns. The latter sought to
     occupy the high ground E of GOLDLAUTER (J1330), which it did without
     serious opposition. But 3d Bn, on the left, met trouble. Right
     from the start they had to fight their way forward. By using march-
     ing fire they were able to advance to the crossroad 2400 yards S of
     GEHLBERG (T1535). Here a definite strong point stalled the advance.
     The Germans directed mortar fire from GEHLBERG and small arms, mach-
     ine gun and bazooka fire from the crossroads. Withdrawing slightly,
     the battalion smashed the strong point with artillery. A TOT also
     was laid on GEHLBERG. Following reduction of the crossroads, the 3d
     Bn proceeded slowly in face of small arms fire from defended road
     blocks. By nightfall Cos L and I were on the high ground 1500 yards
     W of the road running N from STUTZERBACH (J2130). K Co remained at
     the crossroad S of GEHLBERG.
```

**Abbildung 34: After-Action-Report des 359. Infantry-Regimentes vom 8. April 1945.**

Kriegsende am Rennsteigwerk[35]

Das streng geheime Zweigwerk des Gustloff-Waffenwerkes Suhl, dass Rennsteigwerk, wurde durch eine US-Aufklärung nicht enttarnt und blieb somit völlig unbekannt. Durch die Besetzung Suhls am 4. April war der Kontakt zur Firmenleitung komplett abgebrochen. Mitarbeiter und Angestellte, die in Suhl ihren Wohnsitz hatten, konnten ihrer Arbeit nun nicht mehr nachgehen. Die verbliebenen Führungskräfte versuchten bis Freitag den 6. April die Fertigung im kleinen Stil noch aufrechtzuerhalten. Am Samstag dem 7. April und am Sonntag dem 8. April befand sich nur noch eine Notbesatzung in der Fabrikanlage. Der Werksschutz und die in den Schmiedefelder Werkswohnungen lebenden Meister verrichteten ihren Dienst zur Sicherung der Fabrikanlage. Wie auch Schmiedefeld, sollte das Rennsteigwerk durch die Wehrmacht, die Standarte Feldherrnhalle und den Volkssturm verteidigt werden. Hier insbesondere durch junge Soldaten des Flak-Ersatz-Bataillons 59 aus Gotha. Ein Zeitzeugenbericht konnte dazu aufgefunden werden:[36]

In der Kompanie wurden die kleinen und schwachen Soldaten in neun Züge zusammengestellt. Wir größeren erhielten Munition, jeder fünf Patronen Karabinermunition, für einen Tag Marschverpflegung und für je zwei Mann einen Tornister. Wir wurden abermals geimpft und schließlich auf LKW verladen. Beim ersten Halt erkannten Kameraden durch einen kleinen Schlitz in der Plane, dass wir Arnstadt erreicht hatten. Die Fahrt ging aber bald weiter und wir wurden beim nächsten Halt ausgeladen. Wir erkannten die Stadt Ilmenau. Hier erfuhren wir, dass es zum Rennsteig geht.
Unsere Kompanie, nur noch drei Züge, ca. 50 Mann, marschierte Richtung Manebach. Es war Nacht und es war dunkel. Von Manebach ging es durch den verschneiten Wald zum Kickelhahn. Wir hatten einige Kameraden aus Thüringen dabei, welche sich hier gut auskannten. Es stellte sich heraus, dass dieses Ziel falsch war. Es ging weiter nach Schmiedefeld. Hier machten wir erschöpft und durchnässt Quartier im warmen Kraftwerk. Kaum hatten wir uns zur Ruhe hingelegt wurden zwei Freiwillige als Posten gesucht. Da sich naturgemäß, nach diesen Anstrengungen auf den verschneiten Waldwegen keiner meldete, war

---

[35] Aussagen einer Zeitzeugin.
[36] Archiv Klaus-Dieter Völker Schmiedefeld nach einer schriftlichen Zeitzeugenaussage.

der Ausgang sicher. Wir bekamen den Befehl an der Rennsteigkreuzung einen Melder abzufangen und zu uns ins Quartier zu bringen. Es gab kein Ausweichen, wir bezogen völlig übermüdet, nass und erschöpft den befohlenen Posten. Es herrschte äußerste Stille, die Tiere schliefen noch, kein Kanonendonner in der Ferne. Nachts schlief der Amy und wir hatten nichts mehr zum Schießen. Dann und wann ein leises Knacken eines Baumastes, der Schnee dämpfte jeden Laut. Die Müdigkeit drückte uns die Augen zu, wir spürten den kalten Schnee in unseren durchnässten Hosen nicht mehr. Die Gesäßabdrücke blieben unbestritten, als uns am frühen Morgen ein Kapo mit kräftigen Fußtritten an die Schienbeine aufweckte und mit uns in das Dorf Allzunah zum Quartiermachen marschierte. Unser Marschgepäck würden die Kameraden mitbringen, wie es denn auch so geschah. Im Dorf machten wir Quartier in Scheunen der Försterei und bei Kleinbauern.

Wir waren hier von allem verlassen und abgeschnitten, wir hatten keinen richtigen Kommandeur, keinen Sani noch einen Arzt, keine Verpflegung, keine Küche, kein Tross und Sold. Krank machen gab es nicht, wir waren ja nicht die Einzigen, die Halsschmerzen hatten. Bei unserer Quartierfrau baten wir um etwas Schweineschmalz gegen den Wolf, den wir uns gelaufen hatten, weil unsere Hautcreme verbraucht war. Sie half uns gern und wohlwollend. Wir Soldaten wurden mit großen Sägen aus der Försterei ausgestattet und mussten an der Straße am Rennsteig Panzersperren vorbereiten. Bei dieser Arbeit knieten wir im Schnee, völlig durchnässt kamen wir abends in die kalten Quartiere. Es gab keine Gelegenheit zum Aufwärmen oder zum Trockenen der Kleidungsstücke.

Meine Angina wurde im stärker, sodass mein Kapo mich zum Telefondienst abkommandierte. Ich saß nun vom Fieber geschüttelt still am Telefon, wo kein Anruf ankam und war der Meinung, hier könne ich ruhig schlafen und würde vom Läuten des Telefons sowieso geweckt. Plötzlich trat der Kompaniechef ein, ich erschrak, machte einen verschlafenen Eindruck und eine schlechte Meldung. Er schrie mich empört an, im Dienst würde nicht geschlafen, ich würde damit die Wehrkraft zersetzten und er würde Meldung machen. Am nächsten Tag wurde ich vom Unteroffizier abgeholt, in den Wald zu einem Zeltlager gebracht und einem Offiziersgremium vorgestellt. Es war das berüchtigte Standgericht zur Verurteilung von Volksfeinden. In meiner Aufregung erfasste ich gar nicht, was hier eigentlich vor sich ging. Ich hatte Angst, Fieber, Wut und Hass zugleich. So sei ich ein Hochverräter, Feigling, hätte die Wehrkraft des Volkes zersetzt, den Fahneneid verletzt und vieles andere mehr. Nachdem er zum Schluss kam, wurde mir die Todesstrafe angedroht. Ich konnte nur mit heißerer Stimme den Fahneneid widerlegen. Mein Unteroffizier musste auf seine Befragung hin bestätigen, dass wir Soldaten unverteidigt an die Front zum Einsatz gebracht wurden. Ich sah, wie verdutzt diese Offiziere sich ansahen und den Befehl zum Wegtreten erteilten. Wir machten kehrt und verschwanden grußlos. Auf dem Heimweg erfuhr ich von meinem ebenfalls eingeschüchterten Unteroffizier, dass sich unsere HKL[37] zwischen Einheiten der 11. Deutschen-Panzer-Division und der Einheit Feldherrnhalle auf der Rennsteig-Kampflinie befand.

Weil wir nur mäßig mit Waffen und Munition ausgerüstet waren, wurden Gruppen, mit von Einwohnern geliehenen Handwagen, nach Suhl in die Waffenfabrik geschickt und sie holten von dort Maschinengewehre, Panzerfäuste und reichlich Munition. Ich kam mit einem aus der Nähe stammenden Kameraden, an den Bahnübergang nördlich von Schmiedefeld in meine zugeteilte Stellung. So kam die Front immer näher. Jagdbomber und Aufklärungsflugzeuge suchten nach deutschen Stellungen, um mit Brand- und Splitterbomben jede militärische Zusammenballung zu beschießen. Die Panzer der Amis überrollten spielend die Panzersperren des Volkssturmes und brachen in unsere HKL ein. Während die Feldherrnhalle auf die Amis schoss und in diese Kämpfe eingriff, zogen sich die alten Hasen der 11. Panzer-Division zurück und nahmen uns dankenswerterweise kampflos mit zurück. Wir erhielten den Befehl uns in Neustadt am Rennsteig zu sammeln. Dies war unsere Chance uns abzusetzen. Unser Weg führte uns an unserem Quartier in Allzunah vorbei, wo ich noch schnell meinen Tornister mitnahm. Es war der 8. April 1945, 17-jährig, unverteidigt, aber mit dem Spruch "Gott mit uns" auf dem Koppelschloss.

Verteidigung und Besetzung des Rennsteigwerkes[38]

Kommandierender Offizier der Feldherrnhalle war ein Hauptmann mit einem Arm, der nach Beendigung der Kampfhandlungen mit drei weiteren Soldaten im Wald tot aufgefunden wurde. Im Laufe des Tages setzten sich die Verteidiger sowie der Werksschutzleiter Todt ab. Durch deutlich vernehmbare Kampfhandlungen aus Richtung Rennsteig und Vesser, wurde den verbliebenen Mitarbeitern bewusst, dass wohl

---

[37] HKL: Heereskampflinie
[38] Aussagen einer Zeitzeugin.

das Ende des Krieges kurz bevorstehen musste. Entscheidend war aber die Frage nach dem „wie". Daraufhin veranlasste der Vertrauensratsvorsitzende Gustav Lindenlaub eine Evakuierung der im Werk befindlichen Ostarbeiterinnen. Sie wurden mit noch verfügbaren Lebensmitteln versorgt und angewiesen, das Fabrikgelände in Richtung Neustadt zu verlassen, um die US-Truppen im sicheren Wald zu erwarten. Gustav Lindenlaub wollte dafür sorgen, dass keine Ostarbeiterin bei etwaigen Kampfhandlungen um die Rüstungsfabrik zu Schaden kommt. Die Bewohner und Bediensteten des Bahnhofs Rennsteig begaben sich zum Rennsteigwerk, um die dort vorhandenen Luftschutzkeller aufzusuchen. Auch die verbliebenen Angestellten und Mitarbeiter suchten diese Schutzanlagen auf. Immer lauter wurde der Kampflärm aus den angesprochenen Richtungen. Am späten Nachmittag drang die Meldung bis zum Rennsteigwerk vor, dass Schmiedefeld kapituliert hätte und komplett von US-Truppen besetzt wäre.

In der Umgebung des Rennsteigwerkes waren jedoch keine US-Einheiten zu beobachten. Vereinzelter Kampflärm war noch aus Richtung Schmücke und Mordfleck vernehmbar. Man richtete sich so gut wie möglich in den Luftschutzkellern ein. Da der Abend des 8. April sehr kalt war, versuchte man Kanonenöfen zu installieren und die Schornsteine durch die Öffnungen der Kellerfenster nach außen zu bringen. In dieser Weise wartete man nun auf die kommenden Ereignisse. Zwischen 19:00 und 20:00 Uhr wurde gemeldet, dass sich in der Wache mehrere amerikanische Offiziere befinden würden. Kurz darauf betraten Soldaten des 2. Bataillons des 358. Infantry-Regimentes die Gebäude des Rennsteigwerkes. Hier wahrscheinlich Major Thomas L. Morris mit einem Soldaten belgischer Abstammung, der als Dolmetscher fungierte. Es wurde befohlen, das Fabrikgelände unter keinen Umständen zu verlassen, ansonsten hätte man nichts zu befürchten.

3rd Battalion Staff in Germany in the Spring of "45." L to R Capt. Bovard, Capt. Jaffray, Maj. Morris, Lt. Col. Bryan, Lt. Rudes, Lt. Clark, Lt. Crotty.

**Abbildung 35: Major Thomas L. Morris, Kommandeur des 2. Battalions (siehe Pfeil) des 358. US-Infantry-Regimentes.**

Am Morgen des 9. April war kein US-Soldat mehr auf dem Fabrikgelände anwesend. Nun reifte der Entschluss, den Weg zu Fuß durch den Wald nach Schmiedefeld zu wagen. Wo man hinsah, standen auf der Reichsstraße R4 US-Kampffahrzeuge mit Soldaten und Offizieren. Erst am Vormittag des 9. April besetzten Angehörige der 26. Infantry-Division die geheime Rüstungsfabrik. Ein Zeltlager unterhalb des Rennsteigwerkes wurde von den US-Truppen aufgeschlagen.

Es ist anzunehmen, dass die US-Truppen keinerlei Informationen zur Existenz einer Fabrik am Bahnhof-Rennsteig hatten. Weder Bomben- oder Tieffliegerangriffe wurden seit dem Einflug alliierter Verbände dort verzeichnet. Auch ein strategischer Vorstoß von Bodentruppen konnte nicht nachgewiesen werden. Alleine die Mannschaftsbaracke 3 wurde durch Artilleriebeschuss beschädigt. Hier handelte es sich wahrscheinlich um einen Zufallstreffer, der mit strategischen Kampfhandlungen nichts zu tun hatte.

Gefallene der 90. Infantry-Division bei den Kämpfen von Goldlauter bis an das Rennsteigwerk:

- *August Klemm, 358. Infantry-Regiment, geb. 1919 in New Jersey, wohnhaft New York / Bronx, Dienstgrad Tec[39] 4, begraben War Cemetery Margraten, Holland*
- *William Lawrence Thompson, 358. Infantry-Regiment, geb. 18. August 1914 in Trenton Grundy County Missouri, Dienstgrad Tec 5, begraben War Cemetery Margraten, Holland*
- *Robert E. L. Bunch Jr., 359. Infantry-Regiment, geb. 1923 in Westchester New York, Dienstgrad PFC, begraben War Cemetery Margraten, Holland*
- *Norbert P. Rohr, 359. Infantry-Regiment, geb. 1921 in Cleveland Cuyahoga County Ohio, Dienstgrad Tec5, begraben War Cemetery Margraten, Holland*
- *Otis Leon Grant, 359. Infantry-Regiment, geb. 18. Mai 1926 in Armstrong County Texas, wohnhaft in Hutchinson County Texas, Dienstgrad PFC, begraben War Cemetery Margraten*

**August Klemm**

ID: 32357848
Entered the Service From: **New York**
Rank: **Technician 4th Class**

Service: **U.S. Army, 358th Infantry Regiment, 90th Infantry Division**

Died: **Sunday, April 08, 1945**
Buried at: **Netherlands American Cemetery**
Location: **Margraten, Netherlands**
Plot: **H Row: 21 Grave: 6**

Awards: **Bronze Star, Purple Heart**

**Abbildung 36: Persönliche Daten und Grabstätte von Tec 4 August Klemm.**

**Otis L. Grant**

ID: 38572401
Entered the Service From: **Texas**
Rank: **Private**

Service: **U.S. Army, 359th Infantry Regiment, 90th Infantry Division**

Died: **Sunday, April 08, 1945**
Buried at: **Netherlands American Cemetery**
Location: **Margraten, Netherlands**
Plot: **A Row: 11 Grave: 19**

Awards: **Purple Heart**

**Abbildung 37: Persönliche Daten und Grabstätte von PFC Otis L. Grant.**

### 9. April, Montag

Geheimer Tagesbericht der Wehrmachtsführung

*Heeresgruppe G; 7. Armee*
*LXXXV. Armee-Korps: Im Raum Friedrichroda kämpfen noch vom Gegner eingeschlossene eigene Kräfte. Aus Ohrdruf drang der Feind 4 km nach Süden vor. Im Angriff aus dem Raum Zella/Mehlis - Suhl nach Osten stieß der Gegner hart nördlich Ilmenau, Manebach und Stützerbach vor.*
*XII. Armee-Korps: Aus Schleusingen drangen Feindkräfte nach Südosten vor und nahmen Waldau und Wiedersbach. Aus Hildburghausen nach Südosten vordringende Feindkräfte erreichten den Raum nördlich von Rodach.*

Eine Schmiedefelder Zeitzeugin erinnert sich

Von den Amis kam der Befehl an die Bevölkerung, alle Waffen und Fotoapparate sowie Feldstecher im Forsthaus bei der Leitung abzugeben, war das nicht der Fall, wurden Strafen angedroht. Eine Leica und zwei Fernrohre haben wir abgegeben. Die Orden der Wehrmacht wurden im nahen Wald vergraben. An vielen Abenden erschienen unterschiedliche Personen an unserer Hecke am Wald und baten um etwas zum Anziehen oder um einen Platz für die Nacht. Wir hatten in einem Zimmer eine Liege mit Decken und auch immer einen Topf mit Suppe zu stehen. Manchmal wurde eine Jacke, eine Hose oder mehr be-

---

[39] Tec: Technical, Technischer Unteroffizier in verschiedenen Klassen

nötigt, um nicht als deutscher Soldat erkannt zu werden, denn die Amis suchten die Wälder ab und mancher kam kurz vor daheim noch in Gefangenschaft. Einmal erschienen zwei Soldaten mit einer Krankenschwester aus Franzensbad, sie wollten weiter bis hoch an die See. Die junge Frau hatte nichts weiter dabei als das was Sie an ihrem Körper trug. Ich habe sie mit Anziehsachen versehen und auch ein Gesangbuch hat sie als Andenken mitgenommen.

## Situation in Frauenwald

Der sinnlose Krieg erfasste auch in den letzten Tagen die Gemeinde Frauenwald schwer und verursachte erhebliche Schäden. Die geschlagenen deutschen Truppen fluteten zurück und zogen zum Teil durch den Ort. Vor den Ortseingängen und Straßen wurden Panzersperren errichtet, indem man starke Bäume über die Straße legte. Eine Kompanie der Einheit Feldherrnhalle blieb in Frauenwald, um zusammen mit dem Suhler Volkssturm, der sich in der Gastwirtschaft "Drei-Kronen" einquartiert hatte, den Ort zu verteidigen. Amerikanische Aufklärungsflugzeuge waren in den letzten Tagen wiederholt über dem Ort zu sehen. Am 6. und 7. April erfolgte der Beschuss des Ortes durch schwere und leichte Geschütze von der Wegscheide bei Suhl und der Waldauer Höhe. Besonders stark war der Beschuss am 8. April, als 2000 Granaten in Frauenwald und Umgebung einschlugen. Am Morgen des 8. April war plötzlich auf dem Kirchturm eine weiße Flagge von Hermann Hergert gehisst worden, die jedoch auf Anordnung eines Offiziers der Feldherrnhalle und durch den Ortsgruppenleiter der NSDAP Hessenmüller wieder entfernt werden sollte. Daraufhin setzte erneut starker Beschuss ein, während sich der Suhler Volkssturm und die Feldherrnhalle nach Neustadt absetzten. Viele Häuser, darunter der Kirchturm, und der Saale des Gasthauses "Drei-Kronen" wurden zum Teil schwer beschädigt. Die Bevölkerung wurde unwillig. Wieder wurde die weiße Fahne gehisst. Der Beschuss ließ nach. Am 9. April gegen 10:00 Uhr kam ein amerikanischer Panzerspähwagen aus dem Dillersgrund und fuhr in Frauenwald ein. Nachdem er festgestellt hatte, dass keinerlei Widerstand mehr vorhanden sei, kamen auf dessen Funkspruch eine Stunde später zahlreiche Panzer, Geschütze und Soldaten in den Ort. Während des Beschusses hielt sich die Bevölkerung zum größten Teil in den Wäldern auf, wie am Mäusrod, Dienstrod, Wolfsbach, Eselsbach und am Bäckersberg. Nur geringste Teile hatten Zuflucht in den Kellern gesucht.[40]

Eine weitere Zeitzeugin, die mit Verwandten Zuflucht im Keller eines Hauses gesucht hatte, erinnerte sich an die Minuten der Besetzung Frauenwalds. Auf der Hauptstraße waren starke Motoren- und Kettengeräusche zu vernehmen, die direkt vor dem Gemeindeamt stoppten. Als keine Schusswechsel mehr zu vernehmen waren, traute sich einer der Männer nach oben um nachzuschauen. Ängstlich folgte auch das junge Mädchen der Kellertreppe nach oben. Draußen angekommen, stand auf der Straße ein US-Panzer und unter einem Stahlhelm blickte eine ganz dunkelhäutige Person mit strahlend weißen Augen vom Panzer lächelnd herab. Für sie war es die erste Begegnung mit einem Dunkelhäutigen. Im Nachgang durchsuchten die US-Kampftruppen jedes Haus nach deutschen Soldaten und Waffen, dabei wurden die Türen nicht geöffnet, sondern mit dem Gewehrkolben eingeschlagen. Teilweise war zu beobachten, dass US-Soldaten ängstlich mit zwei gezogenen Waffen die Häuser betraten. Viel Ungutes hatten sie durch fanatische Jugendliche der HJ erfahren müssen.

## 26. US-Infantry-Division

Frauenwald wurde durch das 101. Infantry-Regiment und das 91. Chemical-Mortar-Battalion eingenommen. Zwischen dem 10. und 12. April zogen diese US-Truppen weiter.

---

[40] Hellmuth Decker, Frauenwald und Allzunah Thüringerwald 1957.

**Abbildung 38: Soldaten des 101. Infantry-Regimentes.**

 90. US-Infantry-Division

*Nach dem Süd-Schwenken der 11. Armored-Division traf die 90. Infantry-Division beim Erreichen der Rennsteiglinie auf die 4. Armored-Division. Am Morgen des 9. April übergab das 2. Battalion des 358. Infantry-Regimentes das Rennsteigwerk an Einheiten der 26. Infantry-Division (101. oder 328. Infantry-Regiment) und setzte seinen Marsch nach Stützerbach fort. Bei diesen Kampfhandlungen trafen die US-Soldaten zwischen der Rennsteigkreuzung und Stützerbach auf weitere deutsche Einheiten, deren Widerstand am Vormittag gebrochen wurde. Das 2. Battalion besetzte von Gehlberg über die "Zwei-Wiesen" und den Gasthof "Mönchhof" kommend, den Ort Manebach. Auf der Reichsstraße 4, kurz vor dem Grenzhammer, wurden die US-Truppen erneut durch die Wehrmacht und den Volkssturm attackiert. Da es eine gewisse Abneigung vor Häuserkämpfen gab, bombardierten die US-Air-Force Ilmenau und das Luft-Munitionslager im Esbachforst bei Gehren, wo gewaltige Explosionen beobachtet wurden. Der Kickelhahn, bezeichnet mit „Hill 861", wurde durch das 3. Battalion am gleichen Tag eingenommen. Als Divisionsreserve verblieb das 357. Infantry-Regiment in Zella/Mehlis. In Schmiedefeld traf das 537. Anti-Aircraft-Battalion (Flak-Bataillon) zur Sicherung des Luftraumes ein. Um den Vormarsch der 90. Infantry-Division zu unterstützen, beschoss das 344. Field-Artillery-Battalion von Frauenwald und Allzunah aus, den Ort Neustadt am Rennsteig, der am 10. April eingenommen wurde.*

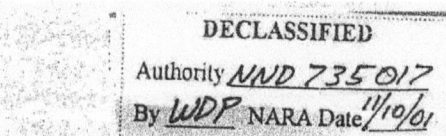

DECLASSIFIED
Authority NND 735017
By WDP NARA Date 11/10/01

9 April 1945

As the chief thorn in the 90th Div side was GEHLBERG, the 2d Bn 359 was directed to take it out. They moved to the crossroads S of GEHLBERG and attacked N in column of companies, G, E, F, at 0830. Co E secured the high ground SW of GEHLBERG while Co G maneuvered for the high ground E of the town. As they approached their objective, the enemy engaged them with small arms and machine guns. Co G cleaned this up and moved on into town about noon without further resistance. F Co followed into town. 1st Bn was alerted to stage forward to GEHLBERG so the 2d Bn could continue to seize MANEBACH (J2035) and block to the N. 3d Bn, meanwhile, had resumed their advance which again met scattered resistance. They plugged on, however, and L Co crossed the MANEBACH road to occupy Hill 861. K Co turned up the main road but were stopped 1500 yards S of MANEBACH. Co I blocked the roads 1800 yards W of and paralleling the MANEBACH road.

**Abbildung 39: After-Action-Report der 90. Infantry-Division vom 9. April 1945**

# Kapitel 3
## Amerikanische Besatzung bis 31. Juni 1945

Nach dem Abzug der Kampftruppen der 26. und 90. Infantry-Division sind die Umstände der US-Besatzung ungeklärt. Für Schmiedefeld und Frauenwald konnten für den Zeitraum vom 10. April bis 11. Mai keinerlei Informationen zu den entsprechenden US-Einheiten aufgefunden werden. Welche amerikanischen Offiziere und Soldaten das Besatzungsrecht ausübten sowie die öffentliche Verwaltung wieder aktivierten, konnte nicht ermittelt werden. Für diesen Zeitabschnitt konnten nur wenige Anweisungen der einzelnen Bürgermeister aufgefunden werden.

Am 11. April 1945 gab der Frauenwalder Bürgermeister Wagner Folgendes bekannt:[41]

*Ab sofort können alle Einwohner sich in der Zeit von 7-19 Uhr frei auf der Straße bewegen und ihre Einkäufe tätigen. Sämtlich landwirtschaftliche Arbeiten müssen in dieser Zeit verrichtet werden.*

*<u>Das Betreten des Waldes ist streng verboten!</u>*
*Die Läden sind von 7-13 Uhr und von 15-19 Uhr offen zu halten. Die Milchabgabe erfolgt ab dem 12.4.1945 wie früher jeden zweiten Tag. Das Betreten der Straße außer der vorgeschriebenen Zeit wird strengstens bestraft. Alle Maßnahmen werden unverzüglich für das ganze Dorf verschärft, wenn sich jemand den Anordnungen nicht fügt und der Schuldige wird zur Rechenschaft gezogen werden.*

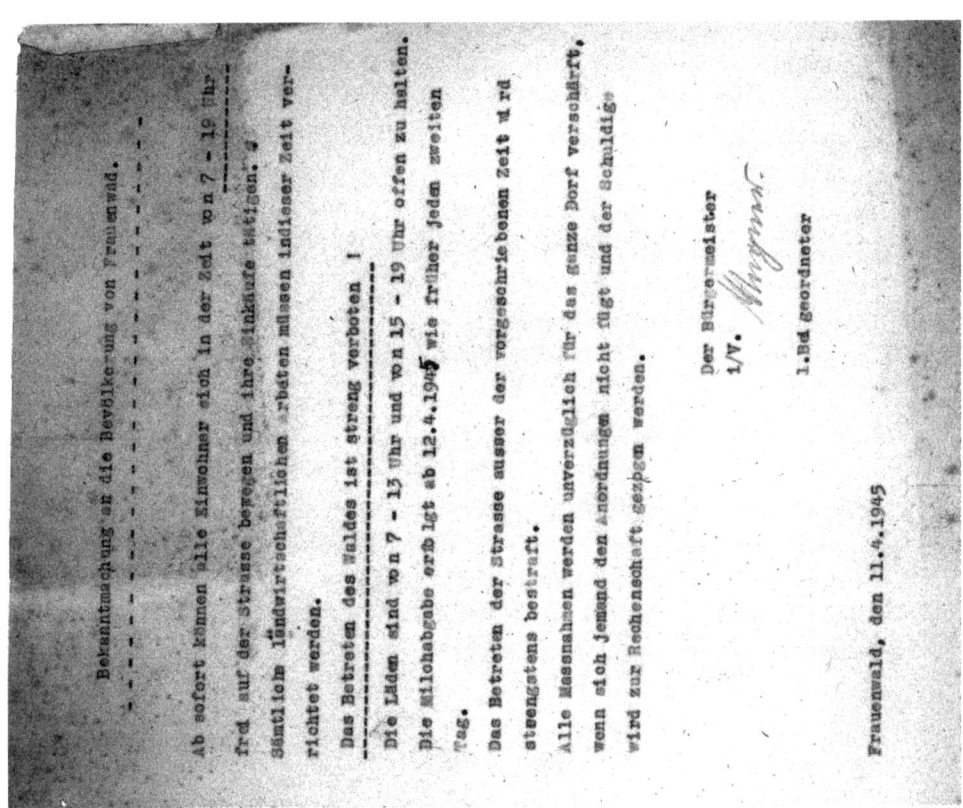

**Abbildung 40: Bekanntmachung des Frauenwalder Bürgermeisters Wagner vom 11. April 1945.**

Am 19. April 1945 gab der Schmiedefelder Bürgermeister Hartung Folgendes bekannt (siehe Abbildung 41). Interessant sind die unterschiedlichen Zeitvorgaben, in denen sich die Einwohner Schmiedefelds und Frauenwalds in der Öffentlichkeit aufhalten durften:[42]

*Auf Befehl der amerikanischen Militärregierung ist ab heute verboten, dass sich irgendwelche Personen in den Wald begeben. Ich ersuche die Bevölkerung, diesen Befehl strengstens zu befolgen, da sonst für jeden Einzelnen nur Unannehmlichkeiten entstehen. Es ist weiter festgestellt worden, dass die Ausgehzei-*

---

[41] Ilm-Kreis-Archiv: Bestand Gemeinde Frauenwald
[42] Ilm-Kreis-Archiv: Bestand Gemeinde Schmiedefeld

ten (vormittags von 8-10 und nachmittags von 4-6 Uhr) von einem großen Teil der Bevölkerung nicht eingehalten werden. Ich weise hiermit nochmals auf die strengste Einhaltung der Ausgehzeiten hin, da vom korrekten Verhalten der Zivilbevölkerung, die Behandlung seitens der amerikanischen Wehrmacht abhängig gemacht wird.

Es wird nochmals darauf hingewiesen, dass sämtliche Gewehre, Pistolen oder sonstige Handfeuerwaffen sowie Fotoapparate und Feldstecher auf Anordnung der amerikanischen Wehrmacht restlos abgeliefert werden müssen. Sollte von obigen Gegenständen bei einer in Kürze zu erwartenden Haussuchung irgendwelche Bestände vorgefunden werden, ist mit schwersten Strafen zu rechnen.

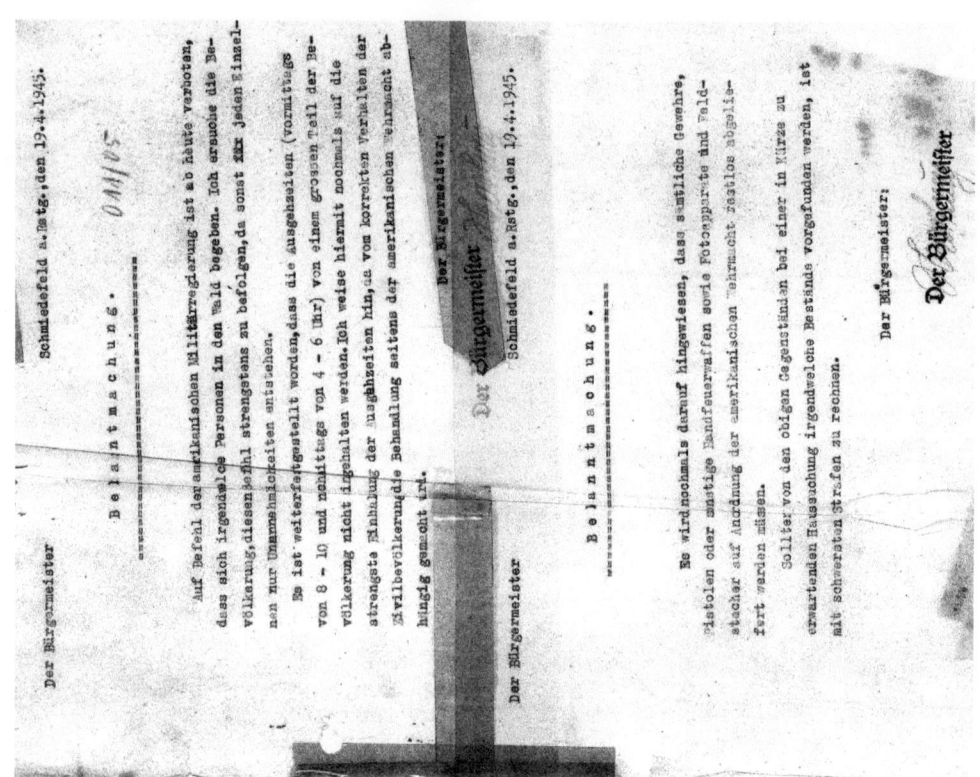

**Abbildung 41: Bekanntmachung des Schmiedefelder Bürgermeisters Hartung vom 19. April 1945.**

## Die Besetzung Frauenwalds am 11. Mai 1945[43]

Erst am 11. März 1945 traf die A-Batterie des 776. Field-Artillery-Battalions als direkte Besatzungstruppe in Frauenwald ein. Für Schmiedefeld konnten keine Informationen zur analogen US-Einheit aufgefunden werden. Für die nun in Frauenwald stationierten US-Soldaten endete der Krieg am 8. Mai in der Nähe von Limbach/Oberfrohna. Weitere Batterien und das Hauptquartier waren in Schleusingen und Kloster/Veßra stationiert.

Kommandierender Offizier in Frauenwald war Captain Harold N. Clifford aus Oklahoma City. Als Dolmetscher fungierte der Sergeant Richard P. Fiedler aus San Francisco-Californien. In einen Brief an den Autor äußerte sich Richard Fiedler wie folgt: " Weil ich die einzige Person unserer Einheit war, die Deutsch sprechen konnte, wurde es meine Aufgabe, in Beziehung mit dem Bürgermeister, die entsprechenden Befehle des Hauptquartiers zu übermitteln. Ich weiß nicht, ob er auf einen unserer Befehle reagierte, weil er immer so schnell und in einer eigenartigen Mundart sprach, sodass ich nie ein Wort verstand, was er sagte".

Das Berghotel wurde von den US-Truppen als Quartier sofort beschlagnahmt. Dem Besitzer Willy Hahn wurde Folgendes mitgeteilt:[44]

Im Auftrage des neuen Kommandanten der alliierten Militär-Regierung wird Ihr Haus nebst Nebenhaus ab sofort beschlagnahmt. Die Räumungszeit muß bis heute 17:30 Uhr beendet sein. Lebensmittel, Klei-

---

[43] Archive Richard P. Fiedler, Aaron Machado, Jake Johns sowie des Verfassers.
[44] Ilm-Kreis-Archiv: Bestand Gemeinde Frauenwald

*dungsstücke, Federbetten, dürfen mitgenommen werden, alle anderen Gegenstände, auch Betten, müssen an Ort und Stelle verbleiben. Nach Einzug der Besatzungstruppen darf kein Einwohner mehr im Haus sein.*

**Abbildung 42: Kommandant für Frauenwald, Captain Harold N. Clifford aus Oklahoma, in der Bildmitte mit einem Buch unter dem linken Arm.**

**Abbildung 43: Dolmetscher Richard P. Fiedler aus San Francisco.**

Bereits am 12. und 14. Mai 1945 wurden folgende Bekanntmachungen veröffentlicht:[45]

1. *Das Betreten des Geländes am Berghotel, sowie das Herumklettern auf den Fahrzeugen der Besatzungstruppen wird hiermit untersagt. Die Eltern haften für ihre Kinder.*
2. *Das Bergbad ist noch nicht eröffnet und das Betreten verboten. Ich werde diejenigen zur Verantwortung ziehen, die meine Anordnung nicht befolgen. Bei Unglücksfällen haftet die Gemeinde nicht.*
3. *Auf das pünktliche Einhalten der Ausgehzeiten und auf die Bekanntmachungen an den Anschlagtafeln wird ganz besonders hingewiesen.*
4. *Ferner wird noch auf die Anordnungen hingewiesen, dass nicht mehr als 5 fremde Personen im Privat sowie auf den Straßen, Höfen und Plätzen zusammen sein dürfen.*
5. *Alle Schäden, die an den von der Gemeinde angebrachten Schildern und Bezeichnungen, auch an privaten Häusern und Zäunen, verursacht werden, werden aufs Schärfste geahndet.*
6. *Auf peinliche Sauberkeit in und außerhalb des Ortes, bitte ich die Einwohnerschaft zu achten.*

---

[45] Ilm-Kreis-Archiv: Bestand Gemeinde Frauenwald

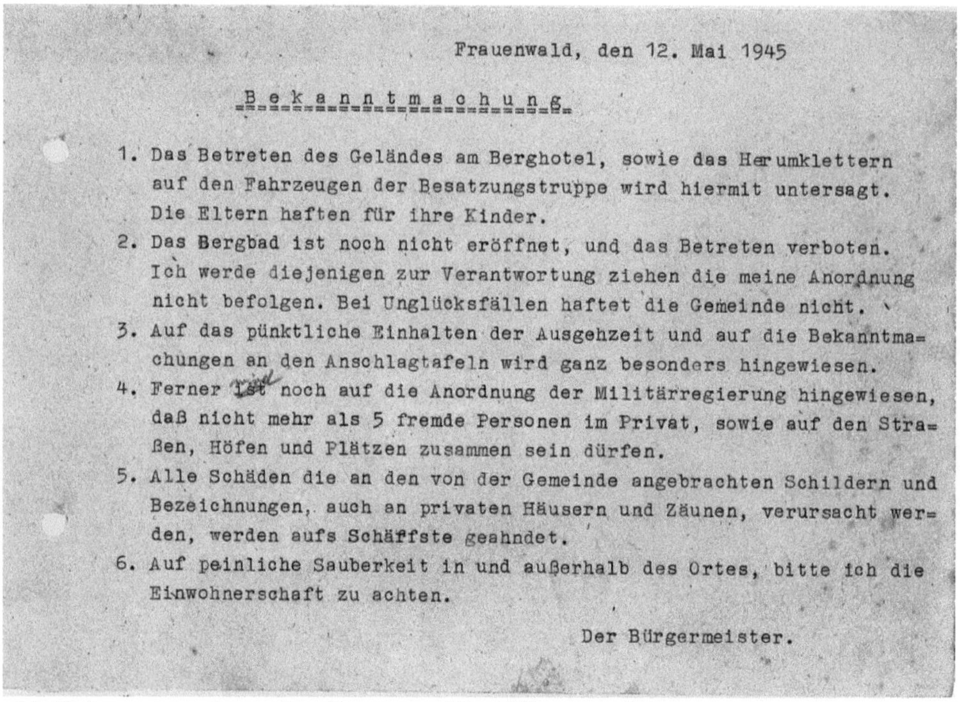

Frauenwald, den 12. Mai 1945

B e k a n n t m a c h u n g.

1. Das Betreten des Geländes am Berghotel, sowie das Herumklettern auf den Fahrzeugen der Besatzungstruppe wird hiermit untersagt. Die Eltern haften für ihre Kinder.
2. Das Bergbad ist noch nicht eröffnet, und das Betreten verboten. Ich werde diejenigen zur Verantwortung ziehen die meine Anordnung nicht befolgen. Bei Unglücksfällen haftet die Gemeinde nicht.
3. Auf das pünktliche Einhalten der Ausgehzeit und auf die Bekanntma= chungen an den Anschlagtafeln wird ganz besonders hingewiesen.
4. Ferner ist noch auf die Anordnung der Militärregierung hingewiesen, daß nicht mehr als 5 fremde Personen im Privat, sowie auf den Stra= ßen, Höfen und Plätzen zusammen sein dürfen.
5. Alle Schäden die an den von der Gemeinde angebrachten Schildern und Bezeichnungen, auch an privaten Häusern und Zäunen, verursacht wer= den, werden aufs Schäffste geahndet.
6. Auf peinliche Sauberkeit in und außerhalb des Ortes, bitte ich die Einwohnerschaft zu achten.

Der Bürgermeister.

**Abbildung 44: Bekanntmachung des Frauenwalder Bürgermeisters.**

1. *Das Bergbad wird nur für die amerikanische Besatzungstruppe freigegeben. Für die Einwohner-schaft ist das Betreten des Bades verboten. Auch ist es streng verboten während der Badezeit der Besatzungstruppen sich in der Nähe des Bades aufzuhalten. Ich bitte die Eltern ihre Kinder dem-entsprechend zu belehren. Die Freigabe des Bades für die Einwohnerschaft wird baldmöglichst bekannt gegeben.* [46]

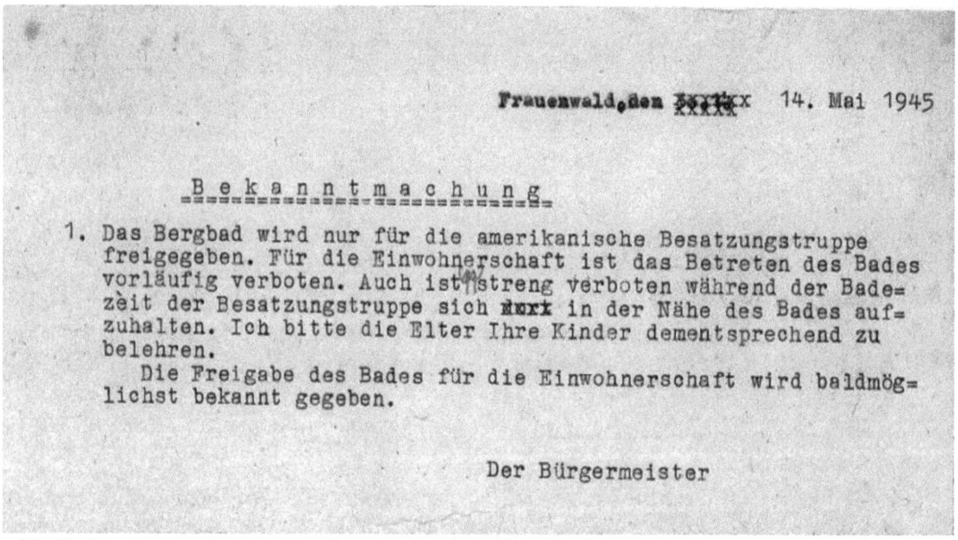

Frauenwald, den 14. Mai 1945

B e k a n n t m a c h u n g.

1. Das Bergbad wird nur für die amerikanische Besatzungstruppe freigegeben. Für die Einwohnerschaft ist das Betreten des Bades vorläufig verboten. Auch ist streng verboten während der Bade= zeit der Besatzungstruppe sich in der Nähe des Bades auf= zuhalten. Ich bitte die Elter Ihre Kinder dementsprechend zu belehren. Die Freigabe des Bades für die Einwohnerschaft wird baldmög= lichst bekannt gegeben.

Der Bürgermeister

**Abbildung 45: Bekanntmachung zur Sperrung des Bergbades.**

Trotz allem benahmen sich die US-Soldaten größtenteils freundlich zur Zivilbevölkerung, hier besonders zu Kindern, obwohl es ihnen streng verboten war. Ein Beweis für die damalige Vorgehensweise ist die Freundschaft der 8-jährigen Edith Schomburg. Beim Eintreffen des 776. Field-Artillery-Battalions waren die Kinder natürlich sehr gespannt und hofften auf nicht gekannte Dinge, wie Kaugummi, Toast und Cor-ned Beef. Auch Schokolade war sehr begehrt. Etwas abseits der Kinderschar stand Edith und beobachtet das Treiben am Berghotel, welches sich zwei Häuser neben ihrem Elternhaus befand. Darauf aufmerksam wurde der Dolmetscher Richard P. Fiedler aus San Francisco-Californien. Er rief sie zu sich und schenkte ihr Süßigkeiten. Aus dieser Begegnung wurde eine Freundschaft auf Lebenszeit.

---

[46] Ilm-Kreis-Archiv: Bestand Gemeinde Frauenwald

Die US-Soldaten schätzten es, wenn ihre Wäsche ordentlich gewaschen wurde. So entwickelten sich Zweckbekanntschaften mit der Zivilbevölkerung. Im Haus von Martha und Erich Schomburg stellte sich bald amerikanischer Besuch ein. Richard Fiedler und sein Freund George Roth aus Salem/Oregon waren oft zu Gast. In den Taschen ihrer Uniformen, die sie zum Waschen übergaben, hatten Sie verschiedene Konserven und Lebensmittel für die Familie versteckt. Die Hausbewohner servierten aus Dankbarkeit Kaffee und Kuchen, teilweise auch Eingewecktes. Manches entsprach jedoch nicht dem Geschmack der Gäste. Martha Schomburg, so resolut wie sie war, verbot den "Jungs" beim hinsetzten, die Füße mit den Schnürstiefeln auf den Stubentisch zu legen. Sie setzte sich durch und brachte den US-Siegern deutsche Manieren bei.

Ein weiterer Zeitzeuge war Manfred Becher aus der "Höll". Er berichtete Folgendes: "Ich weiß auch nicht warum, aber an der Edith hatten die Amys ihren Narren gefressen. Die durfte bei denen alles und bekam was sie wollte. Es war streng verboten das Berghotel zu betreten aber nicht für Edith. Sie ging einfach mit einem "Hello" an der Wache vorbei". Richard Fiedler schrieb nach vielen Jahren an den Autor: "Edith war das süßeste Herz der Batterie"! [47]

Die Aufgabe von Richard Fiedler war neben dem Dolmetschen, als Fahrer für Captain Clifford zu fungieren. War er jedoch auf einer "Privatfahrt" nahm er Edith im Jeep immer mit. War Clifford aber anwesend, durfte sie nicht dabei sein. Einmal versteckte sie sich im Behälter für die Reservekanister. Fiedler fuhr mit Clifford davon und im hinteren Teil des Jeeps begann es jämmerlich zu klagen. Beide unterbrachen die Fahrt und fanden den blinden Passagier. Edith musste den Jeep verlassen und nach Hause laufen. Trotz des Verbotes des Bürgermeisters erlaubten die US-Soldaten den Kindern den Zutritt zum Bergbad. Edith Schomburg war immer mittendrin!

**Abbildung 46: Badevergnügen im Frauenwalder Bergbad. Links George P. Roth, in der Mitte der Dolmetscher Richard P. Fiedler und Edith Schomburg mittendrin!**

Es gab natürlich auch andere Facetten der US-Besatzung. Die Küchenabfälle fuhren die Soldaten auf den Schuttplatz am "Drei-Kreuz" oder in eine kleine Kiesgrube an der Straße nach Steinbach. Dem Müll mischten sie ungeöffnete Konserven bei und filmten die vor Hunger wartenden Frauenwälder beim Durchwühlen des Transportgutes. Auch in dieser Situation entstanden Freundschaften. Ein Frauenwälder Mann wartet immer auf den Mülltransport mit seinem Schäferhund. Einem Soldaten hatte es der Hund angetan. Bei jeder Fahrt verstecke er im Führerhaus eine 5-Liter-Dose Corned Beef als Hundefutter. Der Frauenwälder nahm dankend an.

Der Zeitzeuge Manfred Becher berichtet über ein für ihn einschneidendes Erlebnis. Als er beim Bäcker ein Brot kaufen sollte, erfuhr er, dass sein Vater Willy Becher auf dem Weg nach Frauenwald sei. Er war aus der Gefangenschaft entlassen worden. Manfred lief sofort in Richtung Monument, musste aber fest-

---

[47] Nach der Heimkehr von Richard Fiedler in die USA schrieb seine damalige Schwiegermutter einen Brief an Martha Schomburg. Darin bedankte sie sich, dass ihr Schwiegersohn in Deutschland eine 8-jährige und keine 18-jährige Freundin hatte. Richard Fiedler verstarb im Alter von 92 Jahren im August 2012, als erfolgreicher Architekt in San Francisco. Dem Autor überlies er eine Kopie des Kampfberichtes des 776. Field-Artillery-Battalions vom 16. September 1944 bis zum 15. August 1945.

stellen, dass in Höhe des Berghotels die US-Soldaten seinen Vater schon festgesetzt hatten. Sie kontrollierten seine Entlassungspapiere und zweifelten diese an. Da durch Edith Schomburg, Manfred Becher den Dolmetscher Fiedler kannte, rief er ihm zu: "Ritschert-Ritschert, das ist mein Vater, hilf ihm bitte"! Fiedler griff in die Situation ein und lies sich von den anderen Soldaten die Papiere von Willy Becher geben. Mit einem Kurzem: "It´s ok"! war der Fall geklärt, Willy war außer Gefahr und konnte seine Wohnung unbeschadet erreichen.

Eine weitere Überlieferung berichtete vom Aufziehen eines im Wald gefunden Rehkitzes durch die US-Soldaten. Es war ihr Talisman und wurde mit allem Verfügbaren versorgt. Beim Abzug der US-Truppen am 30. Juni 1945 wurde es natürlich in einem US-Fahrzeug mitgenommen (siehe Abbildung 49 und Abbildung 55).

Die in der weiteren Publikation abgebildeten Fotos stammen aus einem Fotoalbum von Augustine C. Machado aus South San Francisco-Californien. Sein Sohn Aaron Machado stellte die Sammlung seines 1986 verstorbenen Vaters für dieses Buch zur Verfügung. Alle Fotos wurden in einem recht kleinen Format aufgenommen, mit einer der damaligen Zeit entsprechenden Qualität. Die Zuordnung der einzelnen Namen der US-Soldaten übernahm der heute 89-jährige Jake Johns aus Washington-Pennsylvania (siehe Abbildung 48). Er berichtete des Weiteren, von der Bewachung der Rüstungsfabrik Rennsteigwerk durch das 776. Field-Artillery-Battalion. In Intervallen von 3 Tagen mussten je 3 Soldaten ihren Dienst vor Ort verrichten. Dieser Befehl verhinderte jedoch nicht die Plänerungen der Fabrikanlage.

Standplatz der US-Soldaten

Höhenluftkurort Frauenwald in Thüringen, 800 m ü. M.

**Abbildung 47. Luftbildaufnahme des Berghotels von 1935 sowie Aufnahmen der einzelnen Häuser. Der Standplatz der US-Soldaten befand sich auf der Wiese rechts und am Sprungturm der alten Schanze.**

**Abbildung 48: Corporal William E. Fleming aus Greensburg-Pennsylvania auf der Wiese neben dem Berghotel. Der Freund des Autors, Private Jake Johns aus Washington-Pennsylvania sowie Private Wiley F. Bowman aus Aberdeen-Idaho, im Eingangsbereich des Berghotels.**

**Abbildung 49: Private John F. Caccano aus Brooklyn-New/York auf der Wiese neben dem Berghotel. Private John Cuth aus New/York, im Zeltlager neben dem Berghotel, mit dem eingefangenen Rehkitz. Eine Einwohnerin und ein Kind sind auf dem Foto noch zu erkennen.**

**Abbildung 50: Sergeant Donald R. Batemann aus Wolcoltville-Indiana vor dem Berghotel. Private Wiley F. Bowman aus Aberdeen-Idaho im Hofbereich des Berghotels.**

**Abbildung 51: Private Edmund C. Johns aus Coolidge-Arizona sowie Private William Genevich aus Bellmore-New/York, auf der Wiese neben dem Berghotel. Private Charles Fabian aus Youngstown-Ohio an einem Howitzer oberhalb des Sprungturmes der Sprungschanze.**

Abbildung 52: Der Besitzer der hier veröffentlichten Fotos, Private Augustine C. Machado aus South San Francisco-Californien, an einem Howitzer auf der Wiese neben dem Berghotel. Private Philip M. Ohmart aus Auburn-Indiana auf der Wiese neben dem Berghotel.

Abbildung 53: Staff-Sergeant Charles Stebner aus Pittsburg-Pennsylvania an einem Howitzer oberhalb des Sprungturmes der Sprungschanze. Corporal Edgar Uzzle aus Rolling Fork-Mississippi, auf der Wiese neben dem Berghotel.

Abbildung 54: : Private V.R. Watts aus Tucson-Arizona auf der Wiese neben dem Berghotel. T5 Joseph T. Zawaski aus Lorain-Ohio, an einem Howitzer oberhalb des Sprungturmes der Sprungschanze.

Abbildung 55: Private Manuel C. Amabisca aus Buckeye-Arizona mit dem eingefangenen Rehkitz im Zeltlager unterhalb des Berghotels sowie ein unbekannter US-Soldat. An der Stoßstange des Fahrzeuges ist das Kennzeichen des 776. Field-Artillery-Battalions zu erkennen.

**Abbildung 56:** Private Viktor Albonico aus Colfax-Californien Private James L. Thomas aus Tucson-Arizona, Private John T. Trainer aus Erie-Pennsylvania, Private Manuel C. Amabisca aus Buckeye-Arizona sowie Private James B. Hanna aus Baldwin Park-Californien, im Eingangsbereich des Berghotels.

**Abbildung 57:** Zweiter von links; George P. Roth aus Salem-Oregon. Im Hintergrund mit Helm Private Manuel C. Amabisca aus Buckeye-Arizona, im Eingangsbereich des Berghotels.

**Abbildung 58:** : Unbekannte US-Soldaten im Eingangsbereich des Berghotels. Rechts T5 Allen Soo Hoo aus South Pasadena-Californien.

**Abbildung 59: Übung am Howitzer in der Frauenwalder Flur. Aufnahme in Richtung alter Schutt-platz am "Drei-Kreuz" zur Straße nach Steinbach.**

**Abbildung 60: Übung am Howitzer in der Frauenwalder Flur.**

**Abbildung 61: Übung am Howitzer in der Frauenwalder Flur mit Blickrichtung Straße nach Stein-bach zur "Absetzte".**

Abbildung 62: Essenausgabe. Links sitzend mit Kochgeschirr, 1. Leutnant George A. Hoffmann aus Baver Falls-Pennsylvania.

Abbildung 63: Gruppenfoto auf der Frauenwalder Flur, mit Blickrichtung auf den Schmiedswiesenkopf-Mäusrod-"Alter Sportplatz". Rechts Private Manuel C. Amabisca aus Buckeye-Arizona.

Abbildung 64: T5 Allen Soo Hoo aus South Pasadena-Californien. Im Hintergrund der Schmiedswiesenkopf.

**Abbildung 65: Unbekannter US-Soldat. Im Hintergrund der Schmiedswiesenkopf.**

Ein einziges originales Dokument der A-Batterie des 776. Field-Artillery-Battalions konnte für die Besatzungszeit in Frauenwald aufgefunden werden. Diese wurde am 18. Mai 1945 erstellt.[48]

*Der Bürgermeister will alle Männer am 22. Mai auf dem Marktplatz sprechen, die der ehemaligen NSDAP, SS oder SA angehört haben. Der Amtsvorsteher (Verantwortlicher von 3 Dörfern) wünscht mit ihnen über die Arbeit zu sprechen. Der Bürgermeister fragt, ob der Kommandeur den Befehl zur Erlaubnis dieses Treffens erteilt. (Genehmigt mit OK per 11.6.)*
*Der Bürgermeister fragt an, ob (im Notfall) Benzin für das Auto des Bürgermeisters bereitgestellt werden kann, um Patienten in die Klinik nach Ilmenau zu bringen.*

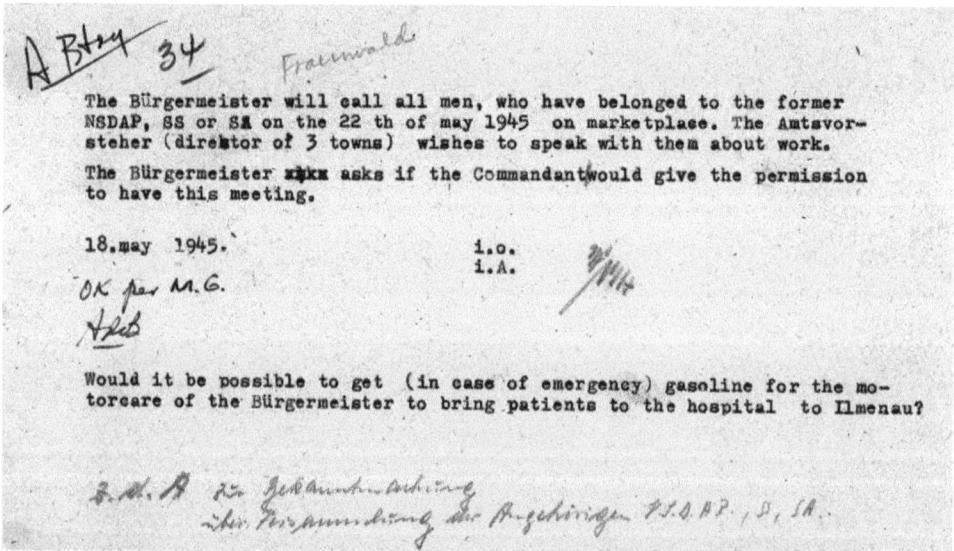

**Abbildung 66: Dokument der A-Batterie des 776. Field-Artillery-Battalions.**

Mit Datum vom 7. Juni 1945 wurde im Auftrag der US-Besatzungsbehörden, die offizielle Bekanntmachung Nr. 49 an alle Städte und Dörfer der Landkreise übergeben. Obwohl bereits auf der Konferenz von Jalta, vom 4. bis 11. Februar 1945, über die Aufteilung Deutschlands in alliierte Besatzungszonen entscheiden wurde, drangen diese Informationen nicht bis zur Bevölkerung durch. Zeitungen waren staatlich kontrolliert, Radiogeräte mussten abgegeben werden. Um eine anwachsende Unruhe und eine aufkommende Angst vor der ab 1. Juli 1945 Einzug haltenden sowjetischen Besatzungsmacht zu verhindern, wurde diese Mitteilung veröffentlicht.[49]

---

[48] Ilm-Kreis-Archiv: Bestand Gemeinde Frauenwald
[49] Ilm-Kreis-Archiv: Bestand Gemeinde Frauenwald

*Nach den neusten uns zugegangenen amtlichen Erklärungen des Military-Government sind die zur Zeit im Umlauf befindlichen Gerüchte über die neue Angrenzung der alliierten Interessens-Sphären und Besatzungs-Zonen vollkommen unbegründet. Augenblicklich finden erst Verhandlungen über diese Punkte statt. Eine Entscheidung ist jedoch nicht getroffen worden und es besteht mithin keine Veranlassung zu irgendeiner Panik-Stimmung, und dies umsoweniger, als auch im Falle einer Besatzung unseres Bezirkes durch eine andere alliierte Macht, die Gewähr dafür gegeben ist, dass auch von der neuen Besatzungs-macht nach den gleichen Richtlinien wie bisher gearbeitet wird.*

*Wir bitten also, endlich aufzuhören mit dieser wilden Gerüchtemacherei, auch wenn diese ihre Anregung durch propagandistische Rundfunk-Nachrichten erhalten haben. Durch diese Gerüchtemacherei wird jede Aufbauarbeit erschwert und unmöglich gemacht. Nach Anweisung der Alliierten Militärregierung wird künftig gegen Gerüchtemacher und Verbreiter mit den schärfsten Strafen vorgegangen.*

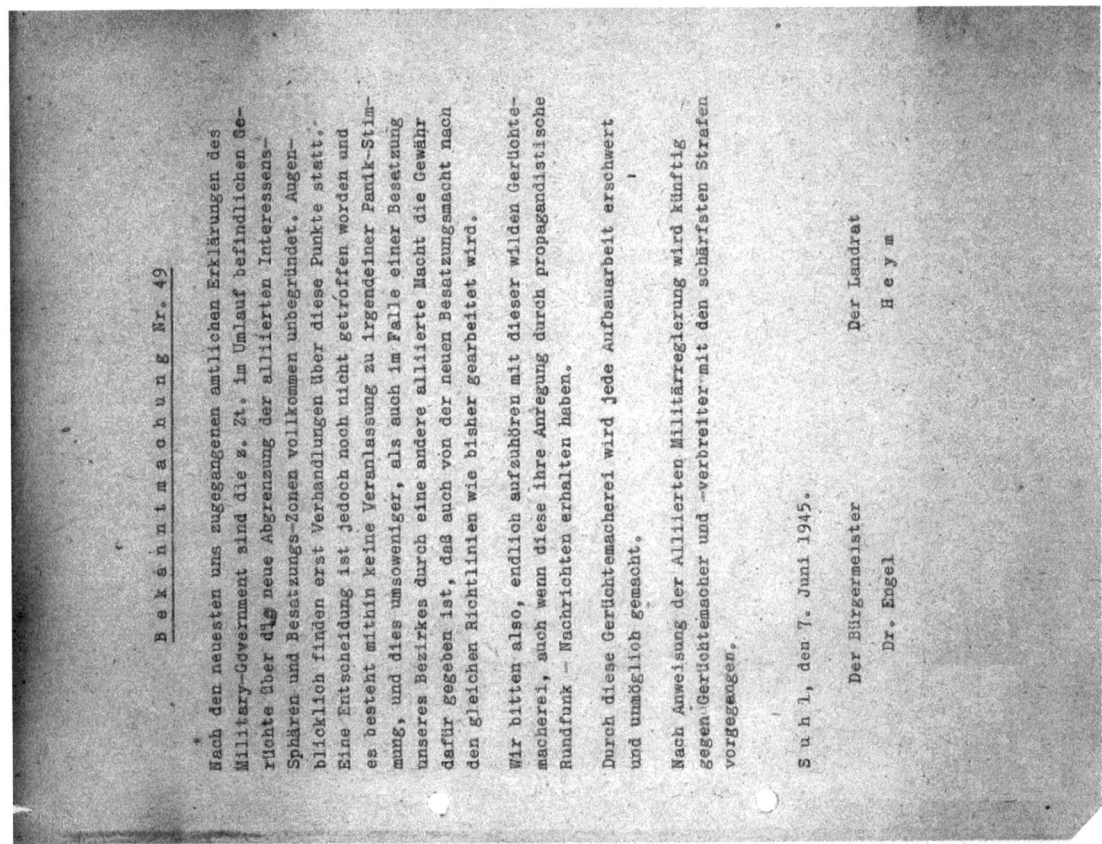

**Abbildung 67: Bekanntmachung Nr. 49 vom 7. Juni 1945 durch Landrat Heym.**

Mit dem 30. Juni 1945 zogen sich die US-Truppen aus Thüringen zurück. Nichts Gutes ahnend, verabschiedeten die Frauenwalder das 776. Field-Artillery-Battalion. Die oft hilfsbereiten Besatzer sahen diesen Aufenthalt mehr als einen Erholungsurlaub an. Letzte Lebensmittel aus den reich gefüllten Depots im Berghotel wurden an die Bevölkerung verteilt.

## Kapitel 4
## Sowjetische Besatzung ab 1. Juli 1945

Am 3. Juli 1945 zog die 8. Sowjetische-Gardearmee unter dem Befehl von Generaloberst Tschuikow in Thüringen ein. Auch nach Schmiedefeld und Frauenwald kamen nun primitiv gekleidete Sowjet-Soldaten ohne moderne Fahrzeuge, meist nur mit kleinen Panje-Pferdegespannen. Über diesen Zeitabschnitt sind fast keine Daten und Dokumente erhalten geblieben. Es konnte auch keine direkte russische Einheit den beiden Orten zugeordnet werden. Folgende Bekanntmachung wurde am 10. Juli 1945 erlassen:[50]

*Mit sofortiger Wirkung wird die russische Zeit eingeführt. Alle Uhren sind sofort um eine Stunde vorzustellen. Die Ausgehzeit wird von 4 bis 22:30 Uhr festgesetzt. Jede Übertretung der Ausgehzeit wird strengstens bestraft. Alle Viehbesitzer, die südlich vom Marktplatz wohnen, werden gebeten, am Mittwoch den 11.7.1945 dem Hutmann beim Mähen der Wiese im Dillersgrund etwas Hilfe zu leiten.*

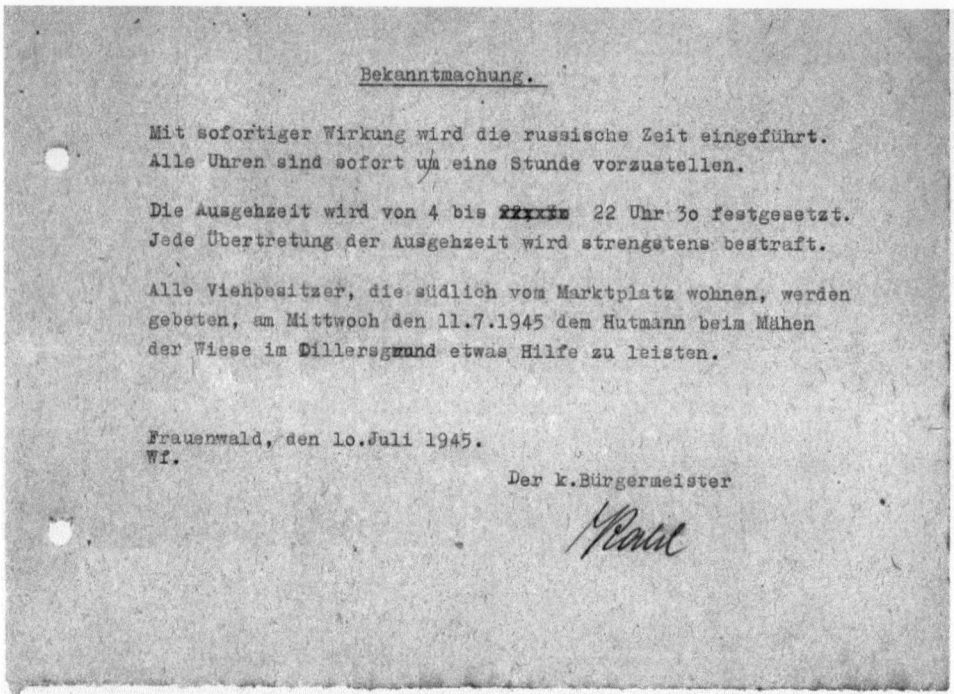

**Abbildung 68: Bekanntmachung des Frauenwalder Bürgermeisters Kahl vom 10. Juli 1945 zur Umstellung der Uhren auf russische Zeit.**

Für Schmiedefeld wurde weiterhin bekannt gegeben:[51]

*1. Die Uhrzeit wird ab heute nachmittags 2 Uhr der osteuropäischen angeglichen, das heißt, die Uhren werden um 2 Uhr um 1 Stunde auf 3 Uhr vorgestellt.*
*2. Die Ausgehzeit ist von früh 4:00 Uhr bis abends 10:30 Uhr festgelegt.*
*3. Es dürfen nur noch Rundfunksender Berlin und Moskau gehört werden.*

Am 4. August 1945 teilte Landrat Heym den Bürgermeistern Folgendes mit:[52]

*Infolge der Übergriffe in zahlreichen Gemeinden hat der Herr Kommandant der russischen Besatzungsbehörde auf meine Vorstellung hin, ständige Wachen in Schwarza, Schmiedefeld, Hirschbach und Waldau eingerichtet. Ich gebe Ihnen hiervon Mitteilung, damit Sie im Bedarfsfalle, die für Ihre Gemeinde infrage kommende Wache um Unterstützung bitten können. Die Bürgermeister der Gemeinde werden angewiesen, in ihren Büros einen ständigen Telefondienst einzurichten.*

---

[50] Ilm-Kreis-Archiv: Bestand Gemeinde Frauenwald
[51] Ilm-Kreis-Archiv: Bestand Gemeinde Schmiedefeld
[52] Ilm-Kreis-Archiv: Bestand Gemeinde Schmiedefeld

# Kapitel 5
# Der Tod von Ostarbeiterinnen und Ostarbeitern

Kurz vor der amerikanischen Besetzung am 6. April 1945, mussten noch unschuldige Menschen ihr Leben lassen. Es handelte sich um Ostarbeiter aus der Ukraine. Da diese Personen in unterschiedlichen Unternehmen und landwirtschaftlichen Betrieben beschäftigt waren, lässt sich die Frage nach ihrem tatsächlichen Arbeitsplatz nicht mehr klären. Verschiedene Quellen gaben auch unterschiedliche Beschreibungen der Vorgänge wieder. Zum einem wurde von Zwangsarbeitern aus einer Firma in Neuwerk bei Schmiedefeld berichtet, zum anderen wurden auch Mitarbeiter des Rennsteigwerkes unter den Toten vermutet. Gefunden wurde ein Massengrab mit 10 Personen im Gersgrund und ein weiteres Grab mit 8 getöteten Menschen in der Nähe von Frauenwald. Beide Grabstätten waren nur mit Reisig bedeckt. Die Toten aus dem Gersgrund wurden auf dem Schmiedefelder Friedhof bestattet. Unter ihnen befanden sich vier Männer und sechs weitere unbekannte Personen. Der Tat bezichtigt wurden sowohl die SA-Standarte Feldherrnhalle unter dem Kommando des Majors Bröser, die Bewacher der Zwangsarbeiter aus der Neuwerker Firma sowie der Zella/Mehliser Volkssturm, unter der Führung eines gewissen Schlüter.

Es ist sehr wahrscheinlich, dass es unter den Schmiedefelder Firmen eine Kontaktaufnahme gab, wie mit den Ostarbeitern bei Einmarsch der US-Truppen zu verfahren sei. Diese wurden notdürftig mit Lebensmitteln versorgt und in das Waldgebiet Richtung Frauenwald/Neustadt geschickt. Dort sollten diese Personen den Einmarsch der US-Armee abwarten. Ob die Evakuierungen aus Mitgefühl oder aus Angst vor den Siegern eingeleitet wurden konnte nicht mehr geklärt werden. Die nun in völliger Freiheit befindlichen Gruppen von Ostarbeitern suchten sichere Plätze im Wald auf. Es ist anzunehmen, dass deutsche Einheiten genau diese Waldgebiete als sicheres Rückzugsgelände nutzten. Dort trafen dann fanatische Kämpfer auf die nach ihrer Annahme entflohenen Ostarbeiter. Daraufhin erfolgte die Erschießung von 18 „Flüchtigen" an zwei unterschiedlichen Orten.

Die dokumentierten Daten zur Exhumierung der Toten wurden den sowjetischen Behörden übergeben und sind seitdem unter Verschluss. Des Weiteren wurden 1945 nur vier der zehn Toten namentlich identifiziert. In einem Dokument von 1964 wurde sogar von einer überlebenden Ostarbeiterin berichtet, der verletzt die Flucht nach Stützerbach gelang (siehe Abbildung 72). Im Gegensatz zu den 1945 erstellten Berichten wurde nun das Rennsteigwerk als Arbeitsplatz der Ermordeten benannt. Zum Massengrab und den Namen der acht in Frauenwald beigesetzten Ostarbeiter wurden keine Daten überliefert.

<u>Auszug aus der Trauerrede des Schmiedefelder Amtsvorstehers Gering vom 7. Juni 1945[53]</u>

*Russische Genossen, Kameraden aus Amerika, Einwohner von Schmiedefeld!*

*Wir begehen heute hier einen traurigen Tag. Ein Verbrechen hat man hier an russischen Arbeitsbrüdern begangen, welches zum Himmel schreit. Einwohner von Schmiedefeld, ich weiß, dass Ihr zum größten Teil, ich könnte sagen zum 100%-igen, diese abscheuliche Tat verschmäht. Keiner von Euch glaube ich, würde sich zu einer solchen rohen Tat hinreisen lassen. Auswärtige der Feldherrnhalle waren es, die hier einen Mord begangen haben, der seinesgleichen sucht. Wir als Schmiedefelder haben uns so oft, soweit wir als Antifaschisten galten, wenn wir die armen Proletarier aus Russland und Polen sahen, manches Mal innerlich empört, doch konnten wir uns dagegen nicht auflehnen. Der Faschismus Adolf Hitlers mit seiner SS und SA haben jeden, der es wagte, sich aufzulehnen, hinter Schloß und Riegel gebracht. Wir denken hierbei an die Verbrechen an den Leuten in Buchenwald, die dort um die Fahne versammelt sind. Ich selbst habe einige Zeit im Gefängnis zubringen müssen.*
*Ihr amerikanischen Kameraden, ihr russische Genossen und Kameraden der Alliierten Militärregierung, wir begrüßen Sie, daß Sie endlich erschienen sind, um uns aus der Knechtschaft Adolf Hitlers heraus zu befreien. Wir begrüßen Sie nicht als Feinde in Schmiedefeld, sondern als unsere Befreier und werden Sie fortan als solche betrachten.*
*An Euch, Schmiedefelder Frauen und Schmiedefelder Männer sei Folgendes berichtet: Denkt einmal an die Hinterbliebenen der in den 10 Särgen Ruhenden. Vielleicht sitzt zu Hause eine Mutter oder Frau, vielleicht sitzt zu Hause ein Vater oder Angehöriger dieser in den 10 Särgen Liegenden und wartet vergeblich auf die Rückkehr. Wie wäre es Euch zumute, wenn einmal die Nachricht einträfe, Euer Sohn, Euer Mann oder irgendein Angehöriger sei meuchlings ermordet, so wie diese russischen Arbeitsbrüder.*

---

[53] Ilm-Kreis-Archiv: Bestand Gemeinde Frauenwald

*Viele Schmiedefelder, die einmal dieser erbärmlichen Verbrecherclique, sei es der SA, SS usw. angehörten, tragen zum Teil die Schuld an diesen 10 Toten. Und ich sage, Ihr russischen Genossen und auch Sie, Kameraden aus Amerika, die Schmiedefelder Bevölkerung hat bestimmt zum übergroßen Prozentsatz ein Herz für die Not der Ausländer gehabt. Ich sehe es noch, wenn die Arbeiter abends vom Rennsteig und sonst woher kamen und baten, weil sie nicht genug Essen bekamen, um ein Stück Brot. Wie oft gab eine Frau aus Schmiedefeld ihren Genossen Kartoffeln und Brot, nur damit sie einigermaßen ihren Hunger stillen konnten. Aus diesem Grund bitte ich Sie nicht anzunehmen, Schmiedefelder seien die Mörder, nein es ist der Platzkommandant, Major Bröser. Dieser Platzkommandant war ein derart bornierter Verbrecher, der, als die Nachricht zu ihm gelangte, dass die 10 Russen ermordet worden sind, es ablehnte diese Menschen beerdigen zu lassen. Und ich verspreche Ihnen, im Namen der gesamten Gemeinde und unserer Polizei, dass wir mit den amerikanischen Kameraden und mit dem gesamten Besatzungskommando bemüht sein werden, diese erbärmlichen Verbrecher einer gerechten Sühne zuzuführen.*

*Einwohner von Schmiedefeld ich rede in Eurem Sinne. Wenn ich den russischen Genossen zurufe, wir fühlen Ihren Schmerz. Wenn Sie zurückkehren, dann grüßen Sie die Angehörigen der im Grabe ruhenden Freiheitskämpfer, wir werden im Geiste den Dahingemordeten ein neues Deutschland aufbauen mit neuen Männern. Hier haben wir nun die 10 Särge aufgebahrt. Das die Bevölkerung restlos mit Ihnen lebt und fühlt, sei Ihnen sicher. Wohl können Sie den 10 Toten nicht wieder das Leben geben, aber seien Sie sich versichert der Anteilnahme der Schmiedefelder Bevölkerung. Die reiche Blumenspende, die Sie hier an den Särgen sehen, ist der Beweis dafür. Wenn Sie zurückkehren, dann machen Sie bitte die Schmiedefelder nicht zum Verbrecher, sondern die Feldherrnhalle Adolf Hitlers und Himmlers. Aber Ihr Schmiedefelder, dieses muß ich Euch zurufen, dieses Grab sei für uns ein Heiligtum. Wir als Schmiedefelder Sozialisten haben es ja gesehen, daß der Krieg unter Adolf Hitler, der SS und SA zusammenbrechen mußte. Wir werden dieses Grab hoch und heilig halten. Niemals werden Sie erleben, daß es solange wir hier leben nicht in Ordnung bleibt. Jedes Jahr, wenn sich am 1. Mai die Proletarier aller Länder zusammenfinden, dann werden wir an dieses Grab treten und sagen, Adolf Hitler mit seinem Fanatismus, der an den Sieg glaubte, der Russland überfallen hat und die ganze Welt erringen wollte, ist an diesem Verbrechen schuld.*

*Ihr Frauen und Männer, soweit Ihr in kurzer Zeit nach Russland zurückkehrt, wir geben Euch die Gewissheit mit, dass wir nie wieder wünschen werden, dass der Faschismus wieder auftritt. Lieber soll der letzte Mann verderben ehe unsere Freiheit wieder sterben soll. Wenn wir einmal noch finden, daß der Faschismus sich noch im Geringsten regen wird, dann ist unsere Geduld zu Ende, dann Ihr ehemaligen Faschisten, greifen wir restlos zu. Wir grüßen Stalin, Roosevelt und Churchill, die es ermöglichten, endlich die Welt von der Nazibrut zu befreien, von ganzem Herzen.*

*Frauen und Männer, ich bitte Sie dringend mitzuhelfen, daß dieses Grab für Schmiedefeld ein Heiligtum bedeutet. Wir sind davon überzeugt, was wir sagen, halten wir. Ich schließe meine Ausführungen mit folgenden Worten: "Neuer Tag mit deinen Strahlen töte nun die alte Nacht, löse linde von ihren Qualen, die so schwere Zeit durchwacht. Ruhe sei der Welt beschieden, Ruhe von des Kampfes Schmerz, alle Völker wollen Frieden, Frieden jedes Menschenherz". Aus der Asche dieser 10 Särge werden Rächer entstehen, wenn es notwendig ist, denn der Mann, der kann fallen, aber das Banner bleibt bestehen.*

Protokoll des Bürgermeisters von Schmiedefeld am Rennsteig, über den Mord an 18 braven russischen Volksgenossen[54]

*Russische Arbeiter und Arbeiterinnen wurden vom Naziregime beim Einmarsch in Russland zu Zwangsarbeiten nach Deutschland verschleppt. Diese armen Menschen fronten unter der Naziknute, unter Hunger und Entbehrungen viele Jahre in den Fabriken. Diese russischen Arbeiter und Arbeiterinnen erregten bald das Mitgefühl der Schmiedefelder Bevölkerung. Wo, von Not getrieben, Bitten an die Bevölkerung vonseiten dieser geplagten Menschen gerichtet wurden, wurde dem gerne entsprochen und milde Hände gaben ein Stück Brot. Aus diesem Zustand ergab sich bald ein inniges Verhältnis zwischen den russischen und den Schmiedefelder Zeitgenossen.*

*Die russischen Genossen halfen außerhalb der Fabrikarbeitszeit bei der Bestellung der Felder, bei der Ernte und nicht zuletzt bei jeglicher Hausarbeit. Als Entschädigung begnügten sie sich mit etwas Brot und Kartoffeln. Die Schmiedefelder Bevölkerung hatte durchaus soziales Verständnis und half nach bestem Können. So gingen die Kriegsjahre mit all ihrem Folgen dem Ende zu und auch unser Ort wurde*

---

[54] Ilm-Kreis-Archiv, Bestand Frauenwald

*durch das Vordringen der USA-Armee am 6. April 1945 in das Kampfgeschehen mit verwickelt. Vonseiten der Industrie versuchte man, die russischen Arbeiter und Arbeiterinnen aus dem nun gewordenen Kampfgebiet zu entfernen und in ein sicheres Gebiet abzuschieben. Dieses Vorhaben wurde, nachdem der hiesige Volkssturm jegliche Kampfhandlungen ablehnte und sich auflöste, von dem hier liegenden Verband des Regimentes „Feldherrn-Halle" unterstützt und die russischen Genossen, welche sich beharrlich weigerten, nach rückwärts „über Frauenwald-Neustadt", abgeschoben.*

*Bei dieser Aktion wurden im Gersgrund bei Schmiedefeld 6 russische Männer und 4 Frauen durch die „Feldherrn-Halle" auf Befehl ihres Kommandeurs, Major Bröser, erschossen. Dieser ruchlose Mord einer vertierten Soldateska geschah kurz vor dem Einrücken der USA-Truppen am 6. April 1945, sodass die Schmiedefelder Bevölkerung nach einigen Tagen von dem furchtbaren Geschehen erfuhr. Als die Kunde von dem bestialischen Mord offenkundig wurde, bemächtigte sich der Bevölkerung eine ungeheure Erregung. Man schrie nach den Mördern, verlangte Sühne. Doch diese Verbrecher befanden sich längst auf der Flucht vor den USA-Truppen. Die USA-Truppen, denen Meldung über diesen Fall erstattet wurde, konnten sich in infolge des weiteren Kampfverlaufes nicht mit der Tat beschäftigen und so blieben diese Opfer verscharrt im Walde liegen.*

*Zirka 4 Wochen nach dieser Tat wurde mir erneut aus der Frauenwalder Gemarkung ein Verbrechen durch einen Spaziergänger gemeldet. Nicht Gutes ahnend, setzte ich sofort die Hilfspolizei zur Nachforschung ein und man fand weitere 8 erschossene russische Landsleute, die mit Tannenreisig verdeckt, in einer Mulde lagen. Der Herr Amtsvorsteher, welcher persönlich diese Aktion leitete, benachrichtigte umgehend den Bürgermeister von Frauenwald und ordnete die Überführung der Leichen nach Frauenwald an. Diese 8 unschuldigen Opfer wurden auf dem Frauenwalder Friedhof beigesetzt.*

*Am 4. Juni 1945 meldete sich Herr Iwan Daniluk mit 2 weiteren russischen Herren auf der Schmiedefelder Bürgermeisterei und verlangte Aufklärung über diese Mordtaten. Soweit es möglich war, erfolgte im Laufe der Unterredung eine Darstellung der Ereignisse. Am 5. Juni 1945 sprach Herr Iwan Daniluk in Begleitung von russischen Offizieren und Kommissaren erneut vor und es erfolgte nun eine eingehende Klarstellung des fluchwürdigen Verbrechens. Herr Oberleutnant ..., der Führer der russischen Abordnung, ordnete die Ausgrabung, Waschung, Feststellung der Verletzungen durch einen Arzt, die Anfertigung photographischer Aufnahmen, Einhüllung in weiße Tücher, Einsargung und Umbettung auf den hiesigen Friedhof an. Als Tag der Bestattung wurde der 7. Juni 1945, nachmittags 4 Uhr, festgelegt. Nach diesen getroffenen Anordnungen verlies die Abordnung die Bürgermeisterei.*

*Am 7. Juni 1945, morgens 5 Uhr, begann die Ausgrabung und wurden die Anordnungen des Oberleutnants ... genaustens befolgt. Mittags 12 Uhr standen die 10 Särge in Reihe vor der Gruft. Jeder Sarg war bedeckt mit rotem Tuch und vom Trauerflor umschlungen. Ferner waren die Särge mit unzähligen Blumen und Kränzen versehen, welche die Schmiedefelder Frauen mit Hingabe und tiefstem Mitgefühl zu Ehren der unglücklichen Opfer gespendet hatten. Die Gruft war reichlich mit Tannengrün und Blumen ausgeschmückt und an beiden Seiten wehten zu Ehren der Opfer rote Fahnen. Schon um 15 Uhr setzte der Strom der Schmiedefelder Bevölkerung zur Trauerfeier zum Friedhof ein. Keiner wollte fehlen, alle wollten dabei sein, um durch ihr Erscheinen die Verbundenheit mit den gemeuchelten russischen Volksgenossen zu bekunden. Als um 16:00 Uhr die russischen Vertreter erschienen, war die Bevölkerung 100%ig versammelt. Nicht nur die Einwohner Schmiedefelds, auch viele der benachbarten Dörfer waren erschienen, um gegen die Gräueltat einer entmenschten Soldateska zu demonstrieren. Kurz nach 16:00 Uhr traf ein Sonderzug mit russischen Volksgenossen aus Ilmenau ein. Auch sie nahmen an der Trauerfeier ihrer gefallenen Brüder und Schwestern teil. Herr Oberleutnant ... empfing seine Landsleute vor dem Friedhof und marschierte an deren Spitze zum Ehrengrab, wo die Aufstellung der Särge erfolgte. Eine Abordnung von USA-Soldaten mit der hiesigen Hilfspolizei hatte vordem die Trauerstätte betreten und bildete das Ehrenspalier. An beiden Längsseiten der Gruft hatten sich ehemalige inhaftierte Schmiedefelder Genossen des "Buchenwaldes" aufgestellt. Die Schmiedefelder Musikkapelle intonierte Trauerweisen, worauf der russische Oberleutnant das Wort ergriff und in markanten Worten die ruchlose Tat geißelte.*

*Rührende Szenen und viele Tränen konnte man unter den russischen Teilnehmern beobachten, denen die Worte ihres Oberleutnants zu Herzen gingen. Nach einem Trauermarsch der Musikkapelle hielt der Amtsvorsteher Gering die Trauerrede. Er brandmarkte in scharfen Worten diese Untat und ging mit den Verbrechern eines Hitler, Himmler und Genossen zum Gericht. Er bedauerte die unschuldigen Opfer, auf deren Rückkehr man vergeblich in der Heimat hofft und forderte gerechte Sühne der wirklichen Schuldigen, nämlich die Festnahme und Aburteilung des Schurken Major Bröser. Die ergreifenden Worte des Redners verfehlten ihre Wirkung nicht. Aus tausenden von Augen flossen Tränen, Tränen der Rührung und aufrichtiger Trauer, Tränen des Mitleids mit den unglücklichen Opfern. Unter den Trauerklängen der*

*Musikkapelle wurden die Särge in die mit Blumen bedeckt Gruft gesenkt. Die Abordnung der USA-Truppen nahm nunmehr am Grabe Aufstellung und gab zu Ehren der Toten über das Grab als letzten Gruß 3 Salutschüsse ab. Mit der Kranzniederlegung der Gemeinde Schmiedefeld durch den Bürgermeister und der Polizei durch den Amtsvorsteher fand die würdige Feier ihren Abschluss.*

*Die einzelnen Szenen wurden fotografisch durch Herrn Erich Kupfer, Schmiedefeld, festgehalten. Nach dem Trauerakt drängten sich die Massen der trauernden Schmiedefelder Einwohner an das Grab, um in Rührung Abschied für immer zu nehmen, in der Hand einen letzten Blumengruß, den man den Opfern widmete. Dieses traurige Erlebnis wird der friedliebenden Bevölkerung ewig in Erinnerung bleiben. Wir aber geloben, das Grab in unsere Obhut zu nehmen, es zu betreuen und als Mahnmal für alle Zeiten in Ehren zu halten.*

Folgendes Protokoll wurde durch den Schmiedefelder Bürgermeister Hartung angefertigt:[55]

*Am 26. April 1946 haben wir Endunterzeichnenden, der Vertreter der Verwaltung der Militärkommandantur des Kreises Suhl, der Leiter der Leitstelle Garde-Oberleutnant A.W. Tschebykin einerseits und der Bürgermeister Herr Hartung der Gemeinde Schmiedefeld am Rennsteig andererseits die vorliegende Akte aufgestellt, zur Übergabe der Gräber von Bürgern der Vereinten Nationen an die örtliche deutsche Verwaltung, entsprechend dem Befehl Nr. 89 der Obersten Chefs der Sowjet-Militärverwaltung in Deutschland, zum Schutz und ständiger bester Instandhaltung der unten aufgeführten Anzahl von 11 Gräbern.*

- *die Namen der Toten 1 bis 6 waren unbekannt,*
- *10 Personen wurden am 4.4.45[56] ermordet und waren Staatsbürger der UdSSR*
- *Kriwoschenko Viktor, geboren 30.3.1925*
- *Schewtschenko Michael*
- *Beresny Peter, geboren 1926*
- *Horodijenko Andrey*
- *Pieuchot Louis, gestorben 21.5.43, Nationalität Franzose*

*Die Beschreibung eines jeden Grabes und Lichtbildaufnahmen in 4 Exemplaren sind beigefügt. Die Akte ist in 4 Exemplaren angefertigt.*

**Abbildung 69: Grab Nummer 1 bis 4 der getöteten unbekannten Ostarbeiter auf dem Schmiedefelder Friedhof.**

---

[55] Ilm-Kreis-Archiv, Bestand Frauenwald

[56] Hier wurde der Sterbetag mit dem 4. April 1945 angegeben, in anderen Dokumenten wurde dieser auf den 6. April 1945 datiert.

**Abbildung 70: Grab Nummer 5 und 6 für zwei unbekannte Ostarbeiter sowie Grab Nummer 7 für Viktor Kriwoschenko.**

**Abbildung 71: Grab Nummer 8 für Michael Schewtschenko, Grab Nummer 9 für Peter Beresny sowie Grab Nummer 10 für Andrey Horodijenko.**

Schreiben an den Rat des Kreises Ilmenau vom 26. Oktober 1964[57]

*Betr.: Grabmal der Sowjetbürger - Friedhof Schmiedefeld am Rennsteig*

*Als Anlage übersenden wir 3 Fotos vom Denkmal der Sowjetbürger auf dem Friedhof von Schmiedefeld am Rennsteig. Nach vorhandenen Aktenvermerken sind die Gründe zur Errichtung folgende:*

*Gegen Ende des Krieges, kurz bevor die Amerikaner Schmiedefeld besetzt haben, wurden unterhalb des Ortsteiles Neuwerk, unter Leitung des Volkssturm-Führers Schlüter, 11 Ostarbeiterinnen[58] und Arbeiter, von Einheiten der Div. Feldherrnhalle aufgegriffen. Die Arbeiterinnen und Arbeiter waren im damaligen*

---

[57] Ilm-Kreis-Archiv, Bestand Frauenwald

[58] Im angeführten Dokument von 1964 wurde diese Zahl der Opfer mit 11 angegeben, da 1946 der Franzose Pieuchot Louis mit dazugezählt wurde.

Rennsteigwerk zwangsweise beschäftigt. Größtenteils stammten dieselben aus der Ukraine. Die Gründe, warum diese Arbeiterinnen und Arbeiter sich in den Wäldern versteckt hielten, sind unbekannt.

Der Volkssturm-Führer Schlüter führte die Genannten unter Deckung ca. 10 junger Soldaten der Div. Feldherrnhalle durch den „Gehrsgrund" nach Richtung Frauenwald. Auf dem Wege wurden dann auf Befehl von Schlüter bei der Überquerung der Wiese, die Arbeiterinnen und Arbeiter erschossen. Eine Frau, die man als tot angesehen hatte, ist nach der Tat trotz ihrer schweren Verletzungen nach Stützerbach entkommen. Dort wurde sie in Obhut genommen und späterhin auch als geheilt weiterbefördert. Am Tatort sind dann auf Veranlassung des Volkssturm-Führers Schlüter die Ermordeten begraben worden.

Für die Bevölkerung Schmiedefelds war diese Tat unbekannt. Noch während der Besetzung Thüringens durch die Amerikaner, verweilte an verschiedenen Orten dieses Gebietes eine sowjetische Kommission, welche nach Vermissten und getöteten Landsleuten fahndete. Der Kommission gelang es, diese Begebenheit zu ermitteln und auf Veranlassung derselben wurden die Erschossenen aus ihren Waldgräbern, auf den Schmiedefelder Friedhof umgebettet. Die endgültige Bestattung gestaltete sich wie folgt:

Die Leichen dieser unschuldigen Opfer wurden in weiße Laken gehüllt und in Särgen auf den Friedhof beigesetzt. Es handelte sich hier um ein Grabmal mit 10 Grabstellen - Einzelgräber. Die Reihenfolge ergibt sich aufgrund der auf der Gedenktafel aufgeführten Namen und zwar von links nach rechts. Die Trauerfeierlichkeiten wurden von einem sowjetischen Major geleitet unter Beisein der im Umkreis von Schmiedefeld noch anwesenden sowjetischen Bürger. Die Bevölkerung Schmiedefelds nahm großen Anteil an der Trauerfeier auf dem Friedhof. 8 Soldaten der US-Armee gaben Ehrensalut nach Beendigung der Feier. Das Grabmal wurde mit Genehmigung und nach Angaben der Kommandantur in Suhl errichtet. Namensgaben der Opfer wurden von der mit dem Leben davon gekommenen Sowjetbürgerin gemacht.

(Otto) amt. Bürgermeister

NB. Die Fotos waren noch vorhanden. Jedoch wurde inzwischen das Grabmal neu verputzt.

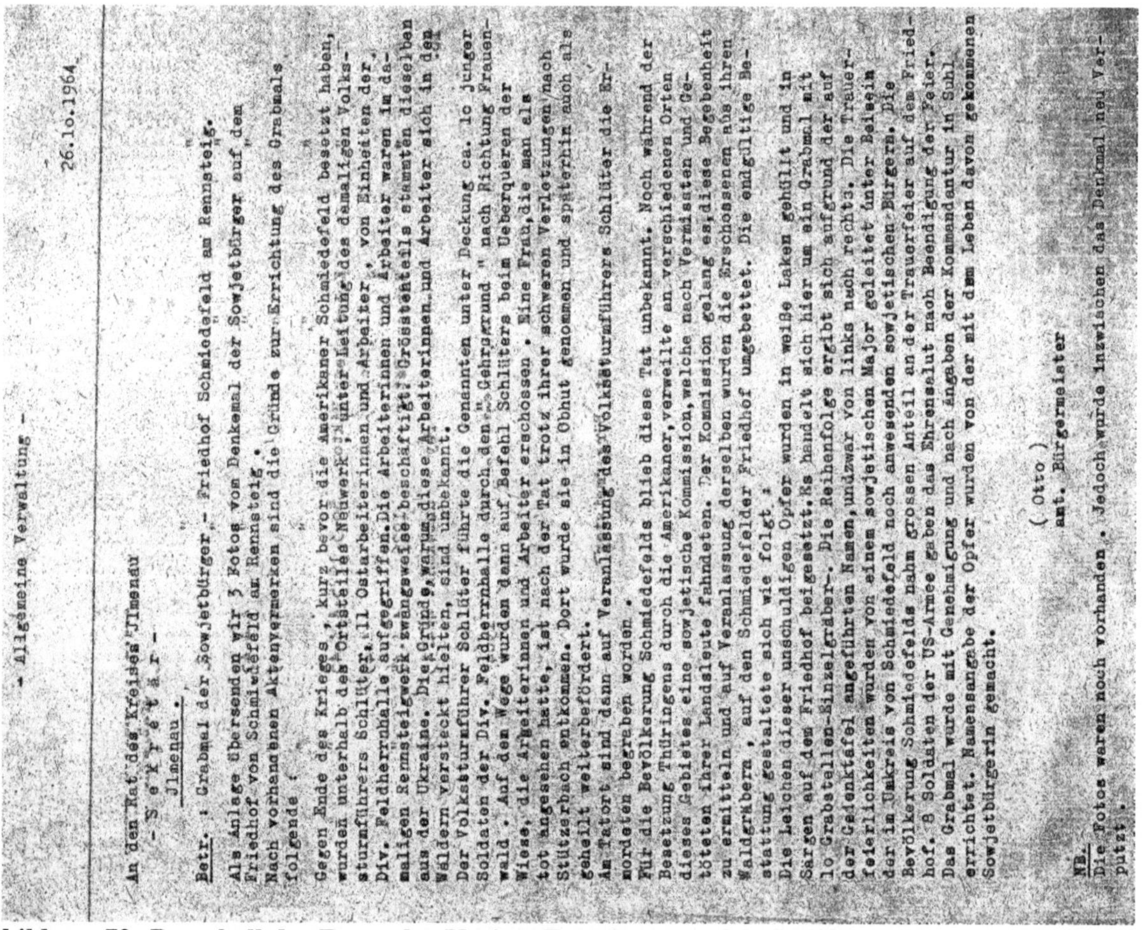

**Abbildung 72: Protokoll des Rates des Kreises Ilmenau, vom 26. Oktober 1964, zum Grabmal für Sowjetbürger.**

# Kapitel 6
## Flugzeugabsturz am 8. Mai 1945 auf dem Hinteren-Arolsberg

Der Flugzeugabsturz auf dem Hinteren-Arolsberg, im Volksmund auch nach der dortigen Jagdhütte "Oh Täler weit oh Höhn" benannt, stellte für die damaligen Menschen ein besonderes Ereignis dar. Anhand verschiedener Zeitzeugenaussagen konnten der Tod der vier Flieger und die Ereignisse um den Absturz nur teilweise aufgeklärt werden. Der Wahrheitsgehalt dieser Informationen konnte nach fast 70 Jahren nicht mehr überprüft werden, da alle Zeitzeugen bereits verstorben waren und nur wenige amtliche Unterlagen aufgefunden wurden. Auch eine gewisse Legendenbildung konnte nicht ausgeschlossen werden. Aus diesen Gründen werden auch in Zukunft verschiedene Fakten dieser Publikation reine Hypothesen bleiben. Bei allen gesammelten Berichten spielten die US-Besatzer keine Rolle, so, als wären sie bei den damaligen Ereignissen gar nicht vor Ort gewesen.

Zeitzeugenaussagen aus Frauenwald

Um ihre Familien mit etwas Essbarem zu versorgen, versuchten zwei Frauenwalder Männer in der Schleuse einige Forellen zu fangen. Dabei nahmen sie für einen kurzen Moment ein brennendes Flugzeug wahr, welches kurze Zeit später auf dem Gipfel des Hinteren-Arolsberges mit einem lauten Knall abstürzte. Hastig drangen sie über die Meininger-Seite bis an die Absturzstelle vor. Im Feuer explodierende Munition von Handfeuerwaffen verhinderte den sofortigen Zugang zum brennenden Wrack. Während dieser Zeit zog ein alliiertes Jagdflugzeug über der Absturzstelle seine Kreise. Nach längerer Beobachtung der Situation, wurde eine Person an einer Fichte sitzend erspäht, die noch an einem herausgeschleuderten Sitz angeschnallt war. Ein erschütterndes Bild offenbarte sich den Männern. Der schwer verletzte Flieger war gezeichnet von Knochenbrüchen und Verbrennungen, jedoch bei vollem Bewusstsein. In seiner Todesangst rief er immer wieder nach seiner Mutter. Nach einem kurzen beruhigenden Gespräch bat er um einen Schluck Wasser. Da zu diesem Zeitpunkt sämtliche Munition im Feuer explodiert war, wurde nach einem Wasserbehälter gesucht und auch eine Feldflasche gefunden. Dabei wurden verschiedene Transportgüter entdeckt. Hier insbesondere Fahrräder, zivile Kleidungsstücke und Lebensmittel. Als der Schwerverletzte seinen Durst ein wenig gestillt hatte, bat er die Männer, auch seinen Kameraden etwas zu Trinken zu geben. Ab diesem Moment war den Zeitzeugen klar, dass sich im brennenden Wrack weitere Personen befinden mussten, die wahrscheinlich nicht mehr am Leben waren. Zu diesem Zeitpunkt trafen die ersten Bewohner vom Ort Gabel auf dem Hinteren-Arolsberg ein. Eine junge Frau lief nach Gabel zurück, um telefonisch einen Krankenwagen oder ein Pferdefuhrwerk an die Straße Dreiherrnstein-Neustadt zu bestellen. Der Absturzort selbst, konnte wegen der vom Volkssturm errichteten Panzersperren nicht angefahren werden. Es wurde nun versucht, ein geeignetes Transportmittel für den Schwerverletzten zu finden. Eine Leiter konnte in der Nähe der brennenden Jagdhütte gefunden werden. Der Fallschirm des Soldaten fand als Unterlage für eine improvisierte Trage Verwendung. Durch gezielte Gespräche, versuchten die Männer den Schwerverletzten bei Bewusstsein zu halten. Er soll Folgendes berichtet haben:
Alle Insassen seien auf Flucht aus der Gefangenschaft und kämen aus Italien, um mit diesem Flugzeug Deutschland zu erreichen. Nach einer heimlichen Landung sollte der Heimweg für jeden Soldaten auf eigene Faust erfolgen. Hierzu wären zivile Kleidungsstücke und Fahrräder an Bord gebracht worden. Seinen eigenen Wohnort benannte er mit Düren in Westfalen. Zu den anderen drei Kameraden machte er keine weiteren Aussagen. Jedoch fühlte er, dass sein Tod kurz bevorstehen würde. Aus diesem Grund bat er einen der Frauenwälder Männer, seine Uhr sowie weitere persönliche Gegenstände an sich zu nehmen, um diese an seine Eltern zu schicken. Da man aber diese Situation nicht genau einschätzen konnte, wurde die Entgegennahme der Dinge abgelehnt. Der Transport zur Straße begann. Durch die schweren Knochenbrüche und die damit verbundenen starken Schmerzen, bewegte sich der Schwerverletzte jedoch so oft, dass er einige Male von der Leiter fiel. Nach einer gewissen Zeit erreichten die Ersthelfer die Straße Dreiherrnstein-Neustadt, wo das Frauenwalder Pferdefuhrwerk bereits wartete. Der Flieger wurde darauf sicher gelagert und dem Kutscher die persönlichen Gegenstände zur Abgabe im Lazarett übergeben. Ohne den Namen des Schwerverletzten genau in Erfahrung gebracht zu haben, trennte man sich nun mit guten Wünschen zur Heilung.[59]

---

[59] Alle Aussagen wurden den Überlieferungen der damaligen Zeitzeugen entnommen und parallel von deren Nachkommen aktuell bestätigt.

Eine weitere Aussage trafen Frauenwalder Kinder, die von der Höhenlage des Ortes, die aufsteigend Rauchfahne des Absturzes genau beobachten konnten. Neugierig startete die Kinderschar ihre Erkundung über den Rennwegskopf auf den Hinteren-Arolsberg. Dort angekommen, brannte das Wrack noch lichterloh. Als erstes Objekt wurde ein Stiefel gefunden, in welchem sich noch ein Fuß befand. Das waren prägende Eindrücke für die damaligen Kinder.

## Zeitzeugen aus Gabel

Bei der Feldarbeit wurde am Vormittag des 8. Mai 1945 ein Flugzeug beobachtet, welches über Frauenwald eine Kurve flog und dann in Richtung Neustadt einen Notlandeplatz ansteuern wollte. Durch vorherrschende Turbulenzen konnte der Pilot die Maschine nicht mehr über den Hinteren-Arolsberg fliegen und blieb in den Fichten hängen. Es kam zu einer Explosion mit einem verheerenden Feuer. Sofort lies man alles stehen und liegen und begab sich zum Absturzort. Von einem Luftkampf konnten diese Zeitzeugen nichts berichten.[60]

## Zeitzeugen aus Unterneunbrunn

Ein Junge, der mit seiner Mutter in Schönbrunn unterwegs war, sah ein Flugzeug am Himmel, welches bereits eine schwarze Rauchfahne nach sich zog. Es wurde von einem kleineren Flugzeug durch das Schleusetal in Richtung Gabel verfolgt. Des Weiteren wurde von anderen Zeitzeugen der Absturz durch Treibstoffmangel erklärt.

## Zeitzeugen aus Neustadt

In Neustadt wurde ein Luftkampf mit einem nachfolgenden Absturz beobachtet. An den Wrackteilen sollen später noch die Einschusslöcher erkennbar gewesen sein.

## **Beginn und Ablauf der Recherchen**

Zeitungsartikel aus dem "Freien-Wort" vom 19. Mai 2005:

"(Zitat auszugsweise) Es war am frühen Vormittag des 8. Mai 1945, die Frauenwalder und Gabler waren dabei, ihrer Arbeit in den Betrieben oder auf dem Feld nachzugehen. Aus Richtung Süden war ein Aufklärer vom Typ Siebel unterwegs in Richtung Gotha, der Heimat der vier Insassen dieses Flugzeuges. Über Frauenwald folg das Flugzeug ziemlich hoch, berichtete ein Augenzeuge, über dem Hundskopf bei Allzunah drehte es und wollte hinter Neustadt zur Landung ansetzten, wie später berichtet wurde. Ein Überlebender des Flugzeugabsturzes berichtete, als er ins Lazarett nach Ilmenau gebracht wurde, dass der Treibstoff ausgegangen war. Über dem Hundskopf flog die Maschine weiter in niedriger Höhe über den Wald. Der Pilot hatte das Flugzeug wegen Turbulenzen nicht mehr unter Kontrolle bringen können und stürzte an der Wand des "Katergründleins" ab. Es deutete aber eher auf eine Notlandung hin, da die Siebel die Baumwipfel dort regelrecht abrasierte. Das Flugzeug, das Rauchschwaden nach sich zog, konnte schnell ausfindig gemacht werden. Helfende aus Frauenwald und Gabel eilten an die Unglücksstelle. Für drei der vier Insassen kam jede Hilfe zu spät. Der Vierte wurde mit einem Pferdefuhrwerk nach Ilmenau gebracht, wo er auch wenige Tage danach verstarb. Unterwegs berichtete er, was geschehen war. Die Vier, ein Offizier-Leutnant der Luftwaffe Curt Voigt, zwei Soldaten Heinz Schnabel, August Meyer (die Namen konnten aufgrund eines Fotos der Gabler-Friedhofsgräber ermittelt werden) und er (der bis heute Unbekannte) waren auf dem Weg aus italienischer Kriegsgefangenschaft nach Hause.
Im Flugzeug befanden sich nach dem Absturz ein Rest an Proviant (Fund einer Feldflasche) und Fahrräder. Mit diesen wollten sie dann die Flucht getrennt fortsetzen, wie der Schwerverletzte berichtete. Das der Krieg zu Ende war, davon haben die Vier leider nichts mehr mitbekommen und außerdem hatten sie Angst vor einer erneuten Gefangennahme, da Militärbewegungen noch immer beobachtet wurden. Die drei Toten wurden auf dem nicht weit gelegenen Friedhof der Gabel beerdigt, veranlasst vom damaligen Bürgermeister Max Timpernagel."

---

[60] Aus dem Tal der Gabel ist Frauenwald durch den Vorderen- und Hinteren-Arolsberg nicht erkennbar.

Anhand der schon zu DDR-Zeiten gesammelten Zeitzeugenaussagen wurden verschiedene Passagen des Zeitungsartikels einer weiteren Prüfung unterzogen. Es muss aber in aller Deutlichkeit darauf hingewiesen werden, dass der Autor des angeführten Artikels, nur auf Zeitzeugenaussagen und auf ein einziges Foto des Gabler Friedhofs zurückgreifen konnte und somit die verfügbaren Informationen nach bestem Wissen und Gewissen weitergab.

Zu folgenden Themen wurde genauer recherchiert:
1. Der Absturz am 8. Mai 1945, dem letzten Tag Krieges, obwohl die US-Truppen das benannte Gebiet bereits am 8. und 9. April 1945 besetzt hatten.
2. Die Ursache des Absturzes durch Abschuss, Treibstoffmangel oder Notlandung.
3. Die Flucht aus italienischer Gefangenschaft am 8. Mai 1945.
4. Der angegebene Landeplatz Gotha als Heimat der Soldaten.
5. Der unbekannte Flugzeugtyp Siebel. Die Zeitzeugen berichteten von einer zweimotorigen Maschine des Typs Heinkel He-111.

Im Pfarramt Schönbrunn konnten keine Daten zur Beerdigung der drei vor Ort verbrannten Flieger in Gabel aufgefunden werden. Durch einen weiteren Hinweis des Schönbrunner Ortschronisten, wurden die entsprechenden Namen der Gefallenen dem Totenbuch von Unterneubrunn entnommen. Anhand der durch das Feuer beschädigten aber noch lesbaren Soldbücher, wurde ihre Identität ermittelt und deren Tod am 13. Oktober 1945 amtlich beurkundet. Die gesamten Ermittlungen führte 1945 Forstmeister Weineck aus dem Forstamt Unterneubrunn durch. Als Todeszeitpunkt wurde der 8. Mai 1945 um 17:00 Uhr angegeben. An dieser amtlichen Aussage ist die falsche Darstellung der damaligen Zeitzeugen aus Gabel erkennbar, die den Zeitpunkt des Absturzes auf den Vormittag des 8. Mai 1945 datierten. Begründet durch getätigte Feldarbeiten kurz vor dem Mittagessen.

Als erstes Todesopfer wurde benannt: [61]
- *Flieger-Leutnant Curt, Erich, Karl Voigt*
- *geboren am 11. September 1920 in Hamburg*
- *wohnhaft in Visselhövede/Niedersachsen*
- *Todesursache: Durch Absturz mit einem Flugzeug (verbrannt) im Staatsforst Unterneubrunn-Gabel*

**Abbildung 73: Curt Voigt, Foto vom Oktober 1938.**

Militärischer Werdegang:
- *1939, 3. Flieger-Ausbildungs-Regiment 32, Uetersen*
- *Lehrgang für Rettungs- und Sicherheitsgerät sowie Bordfunkerausbildung vom 1. April bis 15. August 1940 in der Luft-Nachrichten-Schule 1, Nordhausen*

---

[61] Quellen: Eintragungen im Totenbuch Unterneubrunn sowie im Soldbuch. Ermittlungen der Deutschen-Dienstelle WASt Berlin. Archiv Dr. Uwe Kühnapfel. So bei jedem der vier Soldaten weiter folgend.

- *Fliegerschützenlehrgang vom 15. Oktober bis 14. November 1940 in der Fliegerschützenschule, Kolberg/Westpommern*
- *Nachrichten-Hilfslehrer-Lehrgang vom 16. November bis 15. Dezember 1942 bei der Flugzeug-Führer-Schule C2, Neuruppin*
- *Bordfunker 554, Nachrichtenlehrerlehrgang S-21 vom 6. Juli bis 24. September 1943*
- *Funklehrer an der Flugzeugführerschule A41, Frankfurt/Oder*
- *Auszeichnungen: Bordfunker- und Fliegerschützenabzeichen*

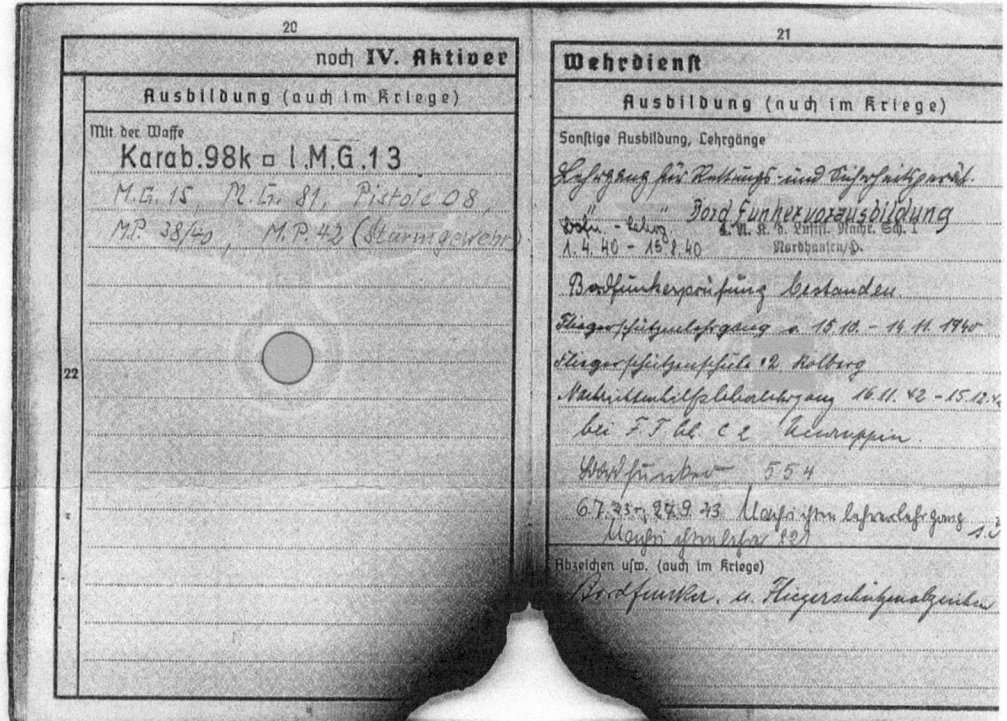

**Abbildung 74: Seite 20 und 21 des auf dem Hinteren-Arolsberg beim Absturz verbrannten Soldbuches von Curt Voigt.**

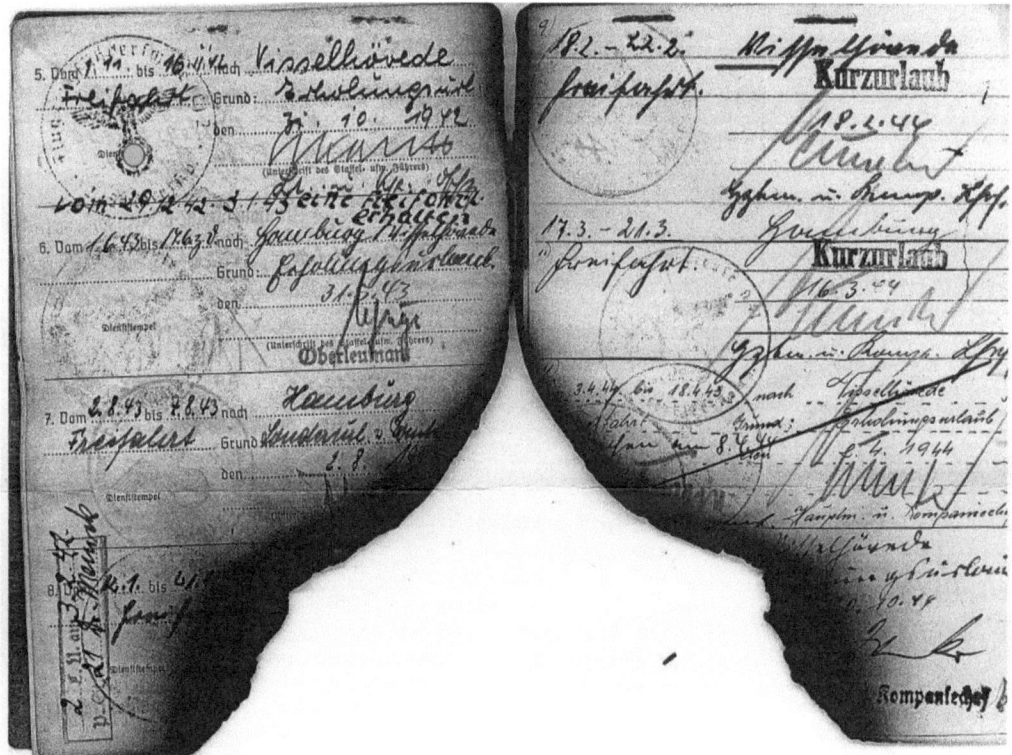

**Abbildung 75: Teil des verbrannten Soldbuches von Curt Voigt.**

Als zweites Todesopfer wurde benannt:
- *Flieger-Oberfeldwebel und Musiker August Meyer*
- *geboren am 23. April 1914*
- *wohnhaft in Suderburg/Niedersachsen*
- *Todesursache: Durch Verbrennungen beim Absturz des Flugzeugs im Staatsforst Unterneu-brunn-Gabel*

**Abbildung 76: August Meyer, Foto vom Dezember 1939.**

Militärischer Werdegang:
- *August 1939, Musikkorps Infanterie-Regiment 73, Hannover*
- *27. Februar 1940, Nachrichten Zug Infanterie-Regiment 73, Hannover*
- *1. Oktober 1940, 1. Schützen-Ersatz-Kompanie 73, Hannover*
- *1. April 1944, 2. Staffel Nahaufklärungsgruppe-Gruppe 11, diverse Feldflugplätze, Italien*

Als drittes Todesopfer wurde benannt:
- *Flieger-Feldwebel Heinz Schnabel[62]*
- *geboren am 21. September 1920*
- *wohnhaft in Görlitz*
- *Todesursache: Durch Verbrennungen beim Absturz des Flugzeuges im Staatsforst Unterneu-brunn, Arolsberg bei Gabel*

**Abbildung 77: Heinz Schnabel, Foto vom September 1938.**

---

[62] Der Dienstgrad wurde falsch angegeben, Heinz Schnabel war im Mai 1945 Flieger-Leutnant.

Militärischer Werdegang:
- *1939, Luftwaffen Sanitäts-Ersatz-Kompanie 4, Breslau*
- *September 1939, Schüler-Kompanie Flieger-Ausbildungs-Regiment, Oschatz*
- *30. April 1940, 5. Kompanie Luftnachrichten-Regiment 10, Berlin*
- *8. Juni 1940, Luftwaffen Sanitäts-Ersatz-Kompanie 4, Dresden*
- *30. Mai 1944, 2. Fallschirm-Krankentransport-Abteilung (motorisiert) des Fallschirm Armee-oberkommandos, Italien*

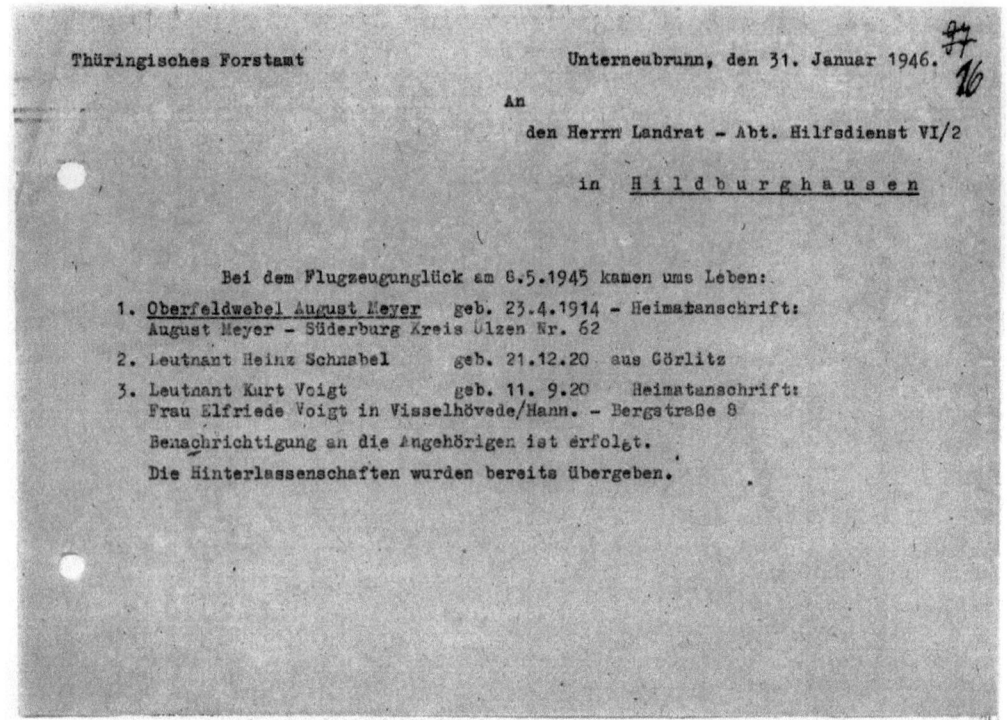

**Abbildung 78: Meldung des Thüringer Forstamtes Unterneubrunn an den Landrat in Hildburghausen vom 31. Januar 1946.**

Der vierte schwer verletzte, aber namenlose Flieger

Die Recherchen zum Unbekannten vierten Insassen des Flugzeuges wurden über die Friedhofsverwaltung Ilmenau durchgeführt. In den entsprechenden Todeslisten fanden sich die Namen von sieben deutschen Soldaten, die nach dem 8. Mai 1945 in Ilmenau verstarben. Unter ihnen befand sich der Leutnant Walter Graab, mit hinterlegtem Todestag vom 9. Mai 1945. In Archivunterlagen wurde ein Schreiben vom 29. November 1945 aufgefunden, das vom Vater des Gefallenen an den Ilmenauer Bürgermeister gerichtet wurde (siehe Abbildung 80).

Folgende Daten konnten ermittelt werden:
- *Flieger-Leutnant Walter, Wilhelm, Anton Graab*
- *geboren am 9. Juli 1924 in Wassenberg/Rheinland*
- *wohnhaft in Alsdorf/Rheinland*
- *verstorben am 9. Mai 1945 gegen 11:00 Uhr im Kriegslazarett Goethe-Schule Ilmenau*

Militärischer Werdegang:
- *1. November 1942, Eintritt in die Luftwaffe*
- *26. Januar 1943, 10. Kompanie Flieger-Regiment 22, Gent/Belgien*
- *14. September 1943, Nahaufklärungs-Geschwader 102, Jüterbog-Damm*
- *1944, 2. Staffel Nahaufklärungsgruppe-Gruppe 11, diverse Feldflugplätze, Italien*

**Abbildung 79: Walter Graab, Foto April 1942.**

Schreiben des Vaters von Walter Graab an den Ilmenauer Bürgermeister:

*"Franz Graab, Rentmeister, Alsdorf den 29. November 1945*
*Durch einen Herrn Franz Slonina aus Hamburg 33, Rambatzweg 6 wurde ich davon in Kenntnis gesetzt,*
*dass mein Sohn, der Fliegerleutnant Walter Graab, geboren am 9.7.1924 bei einem Flugzeugunfall in*
*Gabel am 8.5.1945 nachmittags 5:00 Uhr mit drei weiteren Kameraden abgestürzt ist. Während die drei*
*Kameraden sofort tot waren, lebte mein Sohn noch. Er wurde im Krankenauto zum Kriegslazarett*
*Ilmenau gebracht. Eine Ärztin soll ihm in Gabel die Erste Hilfe geleistet haben. Am 9.5.45 ist mein Sohn*
*morgens gegen 11:00 Uhr im Kriegslazarett verstorben. Beigesetzt sei er auf dem dortigen Ehrenfriedhof,*
*Grabnummer 111. Sie werden verstehen, wenn ich Sie durch diesen Brief bitte, über seine letzten Stunden*
*bei den Ärzten und dem Pflegepersonal des Kriegslazarettes sowie bei der Ärztin, die ihm in Gabel be-*
*treut hat, Erkundigungen einziehen zu wollen. Ist mein Sohn noch zu Bewußtsein gekommen? Wäre es*
*möglich, mir die genaue Anschrift desjenigen zu beschaffen, der ihm in den letzten Stunden beigestanden*
*hat? Gleichzeitig bitte ich, mir drei Sterbeurkunden auszufertigen und gegen Nachnahme zukommen zu*
*lassen. Nach Angabe des Herrn Slonina sollen ihm seine Papiere in Gabel mitgegeben worden sein. Für*
*die Zusendung dieser, wie auch der sonstigen Nachlasssachen wäre ich Ihnen sehr dankbar. Für Ihre*
*Bemühungen bin ich Ihnen besonders verbunden."*

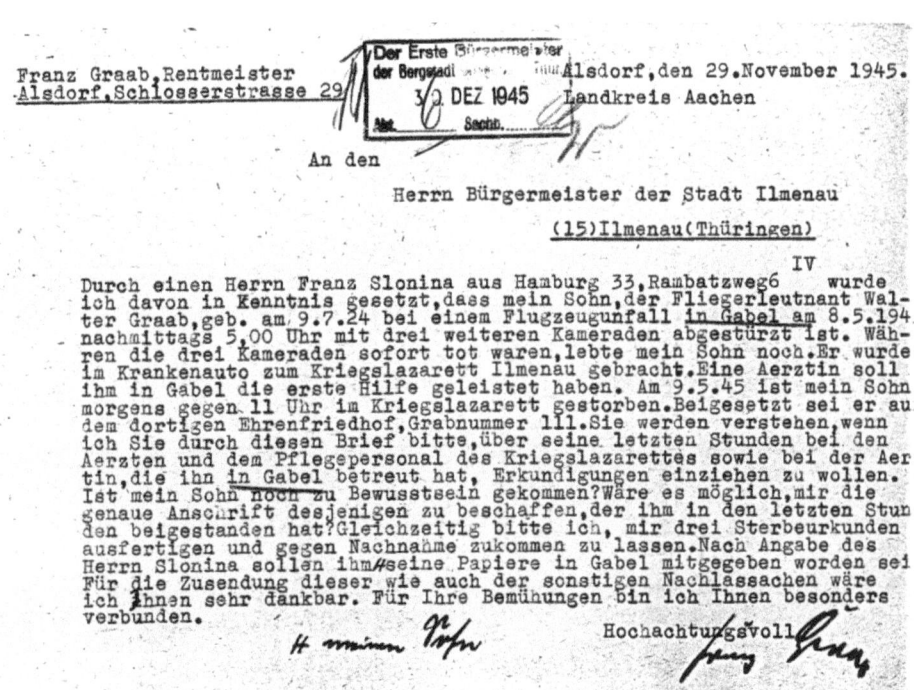

**Abbildung 80. Schreiben von Franz Graab an den Ilmenauer Bürgermeister.**

Schreiben des Ilmenauer Bürgermeister an Franz Graab vom 4. Januar 1946:

*"Sehr geehrter Herr Graab!*
*Nach Aussagen der Schwester Käthe Ritter, die hier bei Dr. Bielig tätig ist, wurde Ihr Sohn am 8.5.45*
*spät abends in das hiesige Lazarett eingeliefert. Da er schwere Verbrennungen und mehrere Knochen-*
*brüche hatte, war Ihr Sohn öfters ohne Bewußtsein. Er äußerte nur noch einiges über den Absturz und*
*verstarb dann, am anderen Morgen, ohne Bewußtsein. Vielleicht wenden Sie sich selbst einmal an*
*Schwester Käthe. Die Ärzte sind alle von hier verzogen, so daß von diesen keine Auskunft beigezogen*
*werden kann. Sterbeurkunden kann Ihnen das Standesamt leider nicht ausstellen, da der Sterbefall von*
*der Wehrmacht beurkundet werden muß. Sie wollen sich wegen der Sterbeurkunden an die für Sie zustän-*
*dige Abwicklungsstelle der Wehrmacht wenden."*

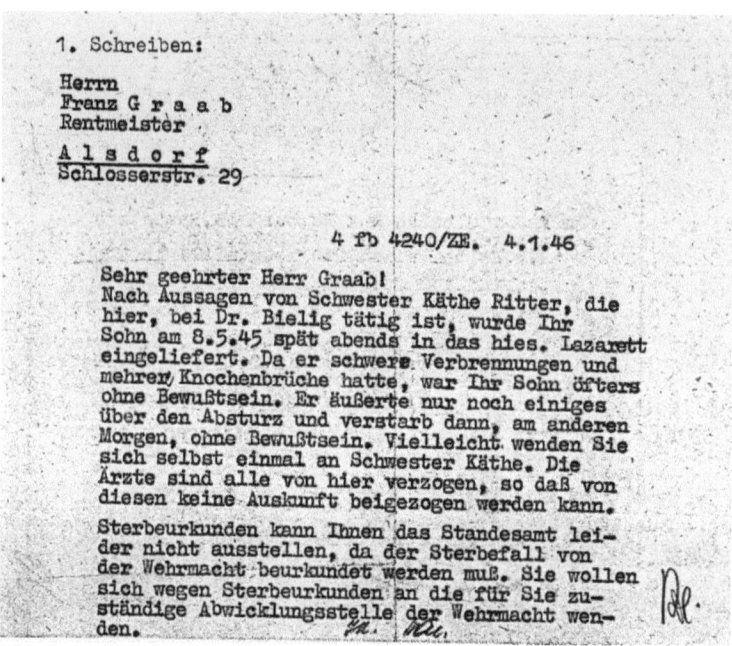

**Abbildung 81: Schreiben des Ilmenauer Bürgermeisters an Franz Graab.**

Walter Graab wurde am 15. Mai 1945 auf dem Ilmenauer Friedhof im Soldatengrab Nummer 111 beigesetzt. Im Juli 1946 bestellte sein Vater Franz Graab beim Ilmenauer Bürgermeister ein Eichenkreuz im
Wert von 55 Reichsmark. Auf dem umgestalteten Soldatenfriedhof befindet sich auch heute noch die
Grabstätte von Walter Graab. Er wurde in einem Doppelgrab mit dem aus Gustow/Mecklenburg stammenden Unteroffizier Franz Jäger beigesetzt. Franz Jäger wurde am 11. April 1906 geboren und verstarb
am 6. Mai 1945 ebenfalls im Kriegslazarett Goethe-Schule.
Der Sterbeurkunde vom 15. Januar 1947 konnte als Todesursache "Gefallen im Gefecht" entnommen
werden. Dieser Hinweis unterstreicht die Aussagen der meisten Zeitzeugen, über einen am 8. Mai 1945
ausgetragenen Luftkampf. Der Totenschein wurde mit entsprechenden Hinweisen zum Ableben und zu
den letzten Aussagen des Gefallenen von Ilmenau nach Alsdorf übersandt.
Der Todesanzeige von Walter Graab konnten weitere wichtige Hinweise entnommen werden. Er war
Träger des E.K. I[63] und weiterer Kriegsauszeichnungen. Laut der Aussage seiner noch lebenden Schwester war er Jagdflieger. Als Träger dieser Auszeichnung war es nötig, mehrere Luftkämpfe erfolgreich
überstanden zu haben. Ein kurzzeitiger Einsatz am Ende des Krieges ist somit für ihn ausgeschlossen. Des
Weiteren wurde berichtet, dass das Flugzeug die Kameraden nach Hause bringen sollte. Gotha konnte
somit als Zielflughafen und Heimat der vier Insassen ausgeschlossen werden.

Der Todesanzeige von Walter Graab konnten folgende Informationen entnommen werden:[64]

*"(auszugsweise zitiert) Immer ist er sich bewußt, daß, wie er schreibt, „der Tod als ständiger Mahner*
*neben dem Flieger steht". Und die Bereitschaft, die aus diesem Bewußtsein erfließt, läßt ihn sagen: "Un-*

---

[63] E.K. I: Eisernes Kreuz erster Klasse
[64] www.familienanzeigen.org

*ser Herrgott wird uns wohl das zukommen lassen, was uns am Besten dient". Diese Zuversicht erfüllte sich - so vertrauen wir - als Gott ihn zu sich rief. Am letzten Tag des Krieges, am 8. Mai 1945, stürzte das Flugzeug, das ihn und die drei Kameraden in die Heimat führen sollte, über Thüringen ab. Schwer verletzt in das Kriegslazarett zu Ilmenau überführt, starb er dort am folgenden Tag den 9. Mai 1945 - an der Vigil von Christi Himmelfahrt."*

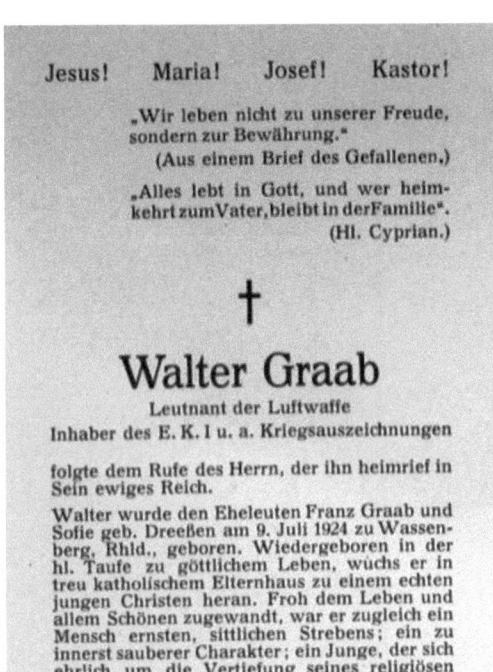

Abbildung 82: Todesanzeige von Walter Graab.

Abbildung 83: Grabstätte von Walter Graab auf dem Ilmenauer Friedhof.

**Trauerfeier in Gabel**

Die Trauerfeier wurde von H. Neubert, Kriegspfarrer in Heubach, am Himmelfahrtstag den 10. Mai 1945 für die drei auf dem Hinteren-Arolsberg verbrannten Flieger durchgeführt. An den Vater von Curt Voigt schrieb Pfarrer Neubert mit Datum vom 20. Oktober 1945 folgende Zeilen:

77

*"(auszugsweise zitiert) Sie sind in der Tat durch den tragischen Tod Ihres Sohnes Curt, der am 8. Mai bei Gabel tödlich abstürzte, schwer betroffen worden. Es war ein wunderschöner Tag, als wir Ihren Sohn zusammen mit seinen beiden Kameraden am Abend des Himmelfahrtstages auf dem stillen Waldfriedhof in Gabel zur letzten Ruhe betteten. Eine große Menschenmenge hatte sich eingefunden und nahm tief ergriffen vom tragischen Ende, Abschied von den 3 Soldaten. Ich legte meiner Ansprache die Worte Jesu zugrunde: "Wenn ich erhöht werde von der Erde, so will ich sie alle zu mir ziehen" (Evangelium des Johannes Kapitel 12, Vers 32)."*

**Abbildung 84: Der Friedhof in Gabel bis 1969.**

Der Unterneubrunner Forstmeister Weineck, führte zum Absturz und der nachfolgenden Trauerfeier, mit Brief vom 22. Mai 1945 Folgendes aus:

*"Da es zweifelhaft ist, ob die bereits an Sie abgesandten Briefe ihr Ziel erreichten, versuche ich Ihnen immer wieder mitzuteilen, daß Ihr Mann, der Leutnant Curt Voigt, geboren am 11. September 1920, am 8. Mai 1945 um 17:00 Uhr im Bereich des Forstamtes tödlich abgestürzt und am 10. Mai (Himmelfahrtstag) auf dem Friedhof zu Gabel begraben wurde. Die Insassen des Flugzeuges waren:*

> *1.) Leutnant Curt Voigt aus Visselhövede/Hann., geboren in Hamburg*
> *2.) Oberfeldwebel August Meyer aus Suderburg 62, Kreis Uelzen*
> *3.) Feldwebel[65] Heinz Schnabel aus Görlitz*
> *4.) Konrad Grab[66] (nähere Anschrift nicht bekannt)*

*von denen nur Konrad Grab schwer verletzt am Leben blieb. Er liegt zur Zeit im Lazarett in Ilmenau [67.] Die drei übrigen Kameraden wurden in einem gemeinsamen Grab beigesetzt. Über die Ursache des Absturzes kann ich nichts mitteilen, das Flugzeug flog aus irgend einem Grunde gegen eine Bergkuppe und brannte sofort aus. Offensichtlich wollten die Insassen irgendwo landen, dort das Flugzeug verbrennen[68] und auf mitgeführten Fahrrädern heimfahren.*
*Der Tod der 3 Fliegerkameraden hat in der hiesigen Gegend große Anteilnahme geweckt, sodaß an der Beerdigung ca. 200 Menschen teilnahmen. Die hiesige Blasmusik spielte Trauerweisen und der hiesige Pfarrer sprach. Diese allgemeine Anteilnahme möchte ich neben meiner eigenen Ihnen zum Ausdruck bringen, die Sie in letzter Minute den Gatten unter so tragischen Umständen verloren haben. Ich werde mehrmals diesen Brief absenden, so oft ich Gelegenheit habe. Sobald Postverkehr möglich ist, folgen die hier aufbewahrten Papiere nach."*

---

[65] Der Dienstgrad von Heinz Schnabel wurde falsch dokumentiert, er war Flieger-Leutnant.

[66] Der Name von Walter Graab wurde wahrscheinlich durch die Personen am Absturzort an Forstmeister Weineck falsch übermittelt.

[67] Der Tod des bereits am 9. Mai 1945 verstorbenen Walter Graab war Weineck nicht bekannt.

[68] Diese Aussage ist völlig ungeklärt, wahrscheinlich war es eine Schutzbehauptung gegenüber den Alliierten.

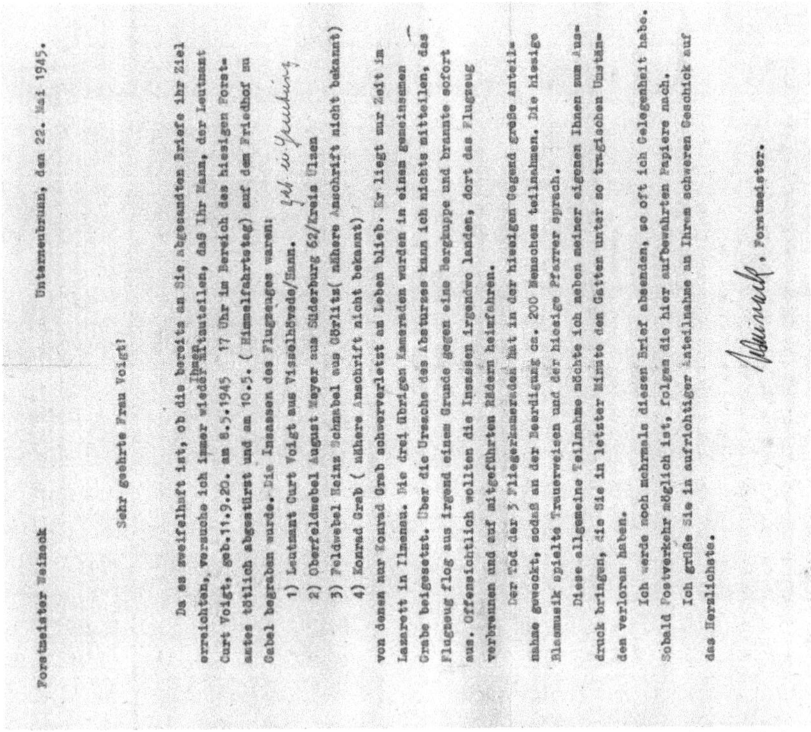

Forstmeister Weineck Unterneubrunn, den 22. Mai 1945.

Sehr geehrte Frau Voigt!

Da es zweifelhaft ist, ob die bereits an Sie abgesandten Briefe ihr Ziel erreichten, versuche ich immer wieder Ihnen mitzuteilen, daß Ihr Mann, der Leutnant Curt Voigt, geb.11.9.20. am 8.5.1945 17 Uhr im Bereich des hiesigen Forstamtes tötlich abgestürzt und am 10.5. ( Himmelfahrtstag) auf dem Friedhof zu Gabel begraben wurde. Die Insassen des Flugzeuges waren:

1) Leutnant Curt Voigt aus Visselhövede/Hann.
2) Oberfeldwebel August Meyer aus Süderburg 62/Kreis Ülzen
3) Feldwebel Heinz Schnabel aus Görlitz( nähere Anschrift nicht bekannt)
4) Konrad Grab ( nähere Anschrift nicht bekannt)

von denen nur Konrad Grab schwerverletzt am Leben blieb. Er liegt zur Zeit im Lazarett in Ilmenau. Die drei übrigen Kameraden wurden in einem gemeinsamen Grabe beigesetzt. Über die Ursache des Absturzes kann ich nichts mitteilen, das Flugzeug flog aus irgend einem Grunde gegen eine Bergkuppe und brannte sofort aus. Offensichtlich wollten die Insassen irgendwo landen, dort das Flugzeug verbrennen und auf mitgeführten Rädern heimfahren.

Der Tod der 3 Fliegerkameraden hat in der hiesigen Gegend große Anteilnahme geweckt, sodaß an der Beerdigung ca. 200 Menschen teilnahmen. Die hiesige Blasmusik spielte Trauerweisen und der hiesige Pfarrer sprach.

Diese allgemeine Teilnahme möchte ich neben meiner eigenen Ihnen zum Ausdruck bringen, die Sie in letzter Minute den Gatten unter so tragischen Umständen verloren haben.

Ich werde noch mehrmals diesen Brief absenden, so oft ich Gelegenheit habe. Sobald Postverkehr möglich ist, folgen die hier aufbewahrten Papiere nach.

Ich grüße Sie in aufrichtiger Anteilnahme an Ihrem schweren Geschick auf das Herzlichste.

Weineck, Forstmeister.

**Abbildung 85: Schreiben von Forstmeister Weineck an die Ehefrau von Curt Voigt.**

## <u>Die Schreiben des Franz Slonina</u>

In einigen eingesehenen Unterlagen wurde von einem gewissen Franz Slonina berichtet, der parallel zu den Recherchen von Forstmeister Weineck mit den jeweiligen Angehörigen Kontakt aufnahm. Kein Exemplar dieser Schreiben oder auch entsprechende Hinweise zu den Inhalten konnte aufgefunden werden. Die jeweiligen Angehörigen sprachen aber von einer Aufklärung der Vorgänge des 8. Mai 1945 am Hinteren-Arolsberg. Slonina war somit als Zeitzeuge an der Absturzstelle und gab wahrscheinlich die Aussagen von Walter Graab an die Hinterbliebenen weiter. Denn nur er konnte detaillierte Angaben zum letzten Flug und dem Absturzgrund machen. Weineck äußerte sich bei seinen Recherchen alleine zu den drei verbrannten Fliegern. Trotzdem konnten zur Person Franz Slonina verschiedene Hinweise aufgefunden werden. Er wurde mit seiner Familie im Oktober 1944 aus Saarbrücken nach Gabel umgesiedelt, da seine Wohnung ausgebombt war. Kurz nach Kriegsende verlies Slonina mit seiner Frau Käthe und dem gemeinsamen Sohn Peter den Ort Gabel wieder. Als neue Wohnanschrift wurde Hamburg 33, Rambatzweg 6 angegeben (siehe das Schreiben des Franz Graab, vom 29. November 1945, aus Abbildung 80).

[illegible] 2, Wallenbaum Bescheinigung.

Dem Oberpostsekretär Franz S l o n i n a aus Saarbrücken II,Triefeldstr.1o wird hiermit bestätigt,dass gegen die freiwillige Umsiedlung seiner Familie aus dem Stadtgebiet Saarbrücken nach Gabel in Thüringen, keine Bedenken bestehen. Die notwendigen Fahrkarten sind daher auszuhändigen.Die Familie S. ist bis einschl.14.1o.44 mit Lebensmittelmarken von hier versorgt.

Saarbrücken, den 8.1o.44.
Der Ortsgruppenleiter.
J. V.

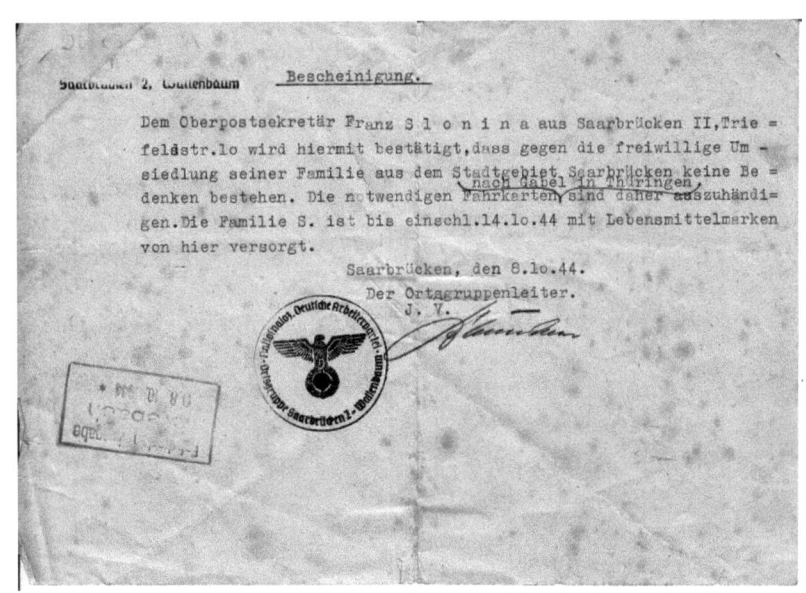

**Abbildung 86: Bescheinigung der Stadt Saarbrücken zur Umsiedlung des Franz Slonina.**

**Der letzte Flug am 8. Mai 1945**

Über die Ereignisse des letzten Fluges und zum Absturz auf dem Hinteren-Arolsberg konnten kaum nachweisbaren Informationen aufgefunden werden. Einzig die Aussagen der damaligen Zeitzeugen, die den schwer verletzten Walter Graab fanden, erbrachten wenige Hinweise. Bei weiteren Recherchen auf alliierter Seite fanden sich Aufzeichnungen zum Abschuss einer Maschine am 8. Mai 1945.

Folgendes teilten die Zeitzeugen mit:
   1.) Flucht aus italienischer Gefangenschaft.
   2.) Alle Kameraden trugen Uniform sowie ihre Auszeichnungen und Soldbücher bei sich.
   3.) Es befanden sich Handfeuerwaffen an Bord, da durch den Brand des Flugzeuges die dazuge-
       hörige Munition explodierte.

Eine Flucht aus italienischer Gefangenschaft konnte ausgeschlossen werden, da die vier Flieger Uniformen trugen, ihre Papiere bei sich führten und bewaffnet waren. Es wäre auch unmöglich gewesen, als Kriegsgefangener ein vollgetanktes Flugzeug und eine Startbahn zu finden sowie darüber hinaus noch zivile Kleidungsstücke und Fahrräder für die Flucht zu organisieren. Unterstützt wurden diese Aussagen durch die Ermittlungen des Forstmeisters Weineck anhand der am Absturzort aufgefundenen Soldbücher und am Vorhandensein der Orden und Auszeichnungen sowie des Flieger-Ehrendolches von Curt Voigt bei dessen Familie.

Da August Meyer und Walter Graab in der 2. Staffel der Nahaufklärungsgruppe 11 dienten, kann ihr letzter Standort mit Sicherheit bis Anfang Mai 1945 nachgewiesen werden. Dieser befand sich auf dem Fliegerhorst Udine-Campoformido/Italien. Dort waren bis zum 8. Mai 1945 noch ca. 20 Luftwaffenangehörige vor Ort. Nach Berichten der Alliierten wurde am 9. Mai 1945 der Fliegerhorst in Udine besetzt, jedoch gingen dabei keine deutschen Soldaten in Gefangenschaft.[69] Weiterhin war auch Heinz Schnabel bei einer Fallschirm-Sanitäts-Abteilung in Italien stationiert. Aus welchem Grund Curt Voigt, nach der Auflösung der Flugzeugführerschule A41 Frankfurt/Oder, im Januar 1945 nach Italien versetzt wurde, konnte nicht aufgeklärt werden.

In Schleswig-Holstein herrschte schon im Rahmen einer Teilkapitulation zwischen der Wehrmacht und den Alliierten ab dem 5. Mai 1945 Waffenstillstand. Bis zum 8. Mai 1945 gab es einen immer größer werdenden Zustrom von Luftwaffenpersonal und Flugzeugen nach Schleswig-Holstein. Dort insbesondere zu den Flugplätzen Leck, Schleswig, Flensburg, Husum und Westerland auf Sylt, um sich dort in Internierung zu begeben und somit einer Kriegsgefangenschaft zu entgehen. Auch für die vier Kameraden des "Hinteren-Arolsberges" kann diese Vorgehensweise angenommen werden. Selbst wenn sie die Flughäfen im Norden Deutschlands nicht erreicht hätten, wäre eine Landung in der amerikanisch oder britisch besetzten Zone möglich gewesen. Von größter Wichtigkeit war, der Gefangenschaft der Roten-Armee oder der Tito-Partisanen zu entkommen.

Ob ihre Maschine, eine Siebel Si-204 Ausführung D, in Udine-Campoformido startete, konnte nicht nachgewiesen werden. Jedoch ist diese Möglichkeit anhand der Aussagen des schwer verletzten Walter Graab und der nachgewiesenen Fakten für Udine sehr hoch. Da die 2. Staffel der Nahaufklärungsgruppe 11 ausschließlich mit Jagdflugzeugen des Typs Messerschmitt Bf-109 ausgerüstet war, müsste sich die Siebel Si-204 als Transport- und Passagierflugzeug auch dort befunden haben.

Es bestand auch die Möglichkeit, dass Walter Graab, August Meyer und Heinz Schnabel ihre Jagdmaschinen zu einer Flucht in das bis zum 8. Mai 1945 unbesetzte Kärnten nutzten. Hier zum Feldflugplatz Klagenfurt-Annabichl. Dieser Fliegerhorst war völlig mit Flugzeugen überfüllt, die wegen Treibstoffmangels am Boden verbleiben mussten.[70] Nachweislich waren jedoch verschiedene Transport- und Passagierflugzeuge vom Typ Siebel Si-204 für prominente Passagiere zu einer weiteren Flucht aufgetankt. So floh zum Beispiel der Großmufti von Jerusalem am 7. Mai 1945 mit einer Siebel Si-204 von Berlin über Klagenfurt in die Schweiz. Gerüchte besagten kurz nach Kriegsende, dass auch Adolf Hitler in diesem Flugzeug vermutet wurde. Vielleicht trafen die drei Flieger dort auf den Funklehrer Curt Voigt, der nach der Auflösung der Flugzeugführerschule A41 Frankfurt/Oder zur Verteidigung der Alpenfestung dorthin versetzt wurde. Erst am Vormittag des 8. Mai 1945 gelang es der 8. Britischen-Armee und Einheiten der

---

[69] N. Baele, F.D. Amico, G. Valentini: Air War Italy 1944-45 sowie Archiv Dr. Uwe Kühnnagel
[70] The Field Intelligence Unit's Klagenfurt Report, National Archives AIR23/3460

Tito-Partisanen Kärnten zu besetzten. Der Angriff auf den Raum Klagenfurt und Villach wurde von Slowenien über die Karawanken und den Travis-Pass vorgetragen.

Der gleiche Schrottplatz von Klagenfurt aus einer anderen Perspektive. Im Vordergrund ist eine weitere „Siebel Si 204 D" mit dem Kennzeichen ?P+OB erkennbar.

The same trash yard at Klagenfurt from a different perspective. In the foreground of the picture we can see another „Siebel Si 204 D" with the markings ?P+OB.

**Abbildung 87: Auf dem Fliegerhorst Klagenfurt-Annabichl verbliebene Maschinen des Typs Siebel.**

Wer der Pilot der Siebel Si-204 D war kann nur gemutmaßt werden. Walter Graab und Heinz Schnabel waren ausgebildete Jagdflieger mit einer B-Zulassung für ein- und mehrmotorige Flugzeuge unter 5 Tonne und mit bis zu 6 Sitzplätzen. Sie besaßen somit keine Flugberechtigung für ein Flugzeug der C-Klasse. Curt Voigt war nach den Angaben des Soldbuches und verschiedener Flugbücher Bordfunker. Somit kommt eigentlich nur der Flieger-Oberfeldwebel August Meyer als Pilot in Betracht. Es besteht jedoch auch die Möglichkeit, dass sich die drei ausgebildeten Piloten während des Fluges am Steuerhorn abwechselten. Wichtig war nur, dass ein Flieger auf einer Siebel Si-204 ausgebildet war und den Start und die Landung übernehmen konnte.

Wird der Betrachtung eine theoretische Fluglinie von Udine nach Flensburg zugrunde gelegt, so ist erkennbar, dass bei einer direkten Verbindung der Raum Saalfeld überflogen werden musste. Jedoch konnte es während des Fluges auch zu unvorhergesehen Kursabweichungen kommen. Ebenfalls war die Überquerung der Alpen eine große Herausforderung für den jeweiligen Piloten.

**Abbildung 88: Detail der direkten Flugroute Udine-Flensburg mit der eingezeichneten Absturzstelle auf dem Hinteren-Arolsberg.**

Der größte Teil der Zeitzeugen beschrieb ein brennendes Flugzeug, welches eine Rauchfahne nach sich zog und von einem alliierten Jagdflugzeug verfolgt wurde. Untermauert wurden diese Aussagen durch einen Sachverständigen, der die verbliebenen Wrackteile in den 1990-iger Jahren einer Auswertung unterzog und mehrere Einschusslöcher identifizieren konnte. Des Weiteren sind in Abbildung 100 drei Einschusslöcher im Höhenleitwerk zu erkennen. Nur Walter Graab hätte aussagen können, wie der Flug verlief und was sich im Luftraum zwischen der bayrischen Grenze und Gabel am 8. Mai 1945 ereignete. Es ist anzunehmen, dass ein deutsches Flugzeug an diesem Tag eine Sensation im alliierten Luftraum darstellte.

Nach eingehenden Recherchen auf amerikanischer Seite konnte ermittelt werden, dass die Alliierten einen Abschuss einer Siebel Si-204 im Raum Rodach, als den letzten "Shot Down" an der Westfront werteten.[71] Jedoch lassen sich diese Informationen nur durch wenige gesicherte Akten belegen. Der Großteil der Daten wurde entsprechenden Unterlagen von Dr. Frank J. Olnyk, „USAAF (European Theater) Credits for the Destruction of Enemy Aircraft in Air-to-Air Combat World War 2." entnommen. Mit größter Wahrscheinlichkeit handelt es sich bei diesen Berichten um die Siebel vom Hinteren-Arolsberg, da ein zweiter Abschuss im Zielgebiet für den 8. Mai 1945 nicht dokumentiert wurde.

```
USAAF European Theater World War 2 Victory Credits:  050445 (cont.) to 050845                                        241

        1130        2/Lt. Albert T Kalvaitis      Me-262 dam        Prague/Soznyk A/F,      388 ftr sq   PER
                                                                    L-6887
    Daily Totals: 5/0/2
050745  1245-1500  1/Lt. Chester H Frahm          FW-190            L-8888, Prague area     109 rcn sq   9TAC54; OpRep: Maxwell
    Daily Totals: 1/0/0
050845  0715        2/Lt. Stanley F Newman         FW-190            6 m E of Bischofteinitz 162 rcn sq   PER: Maxwell
        0715        1/Lt. Manuel N Geiger          FW-190            6 m E of Bischofteinitz 162 rcn sq   PER: Maxwell
        1545-1845  1/Lt. George W Osborne, Jr     Me-108 unconf dest E of Hardegsen         53 ftr sq    9TAC53; OpRep: BO119/0324
        1715        1/Lt. Frank B Rinn             Fiesler Storch    J-4265, 5 m SW of       430 ftr sq   9TAC53; PER: MMFB
                                                                    Weimar
        1830        F.O. Julian Biniewski [0.5]   Me-109            Regensburg              15 rcn sq
                    2/Lt. Robert A Jeffrey [0.5]
                                                                                                         19TAC74; RecFlash: J[4]
        1945        2/Lt. Robert G Little          FW-190            Q-2112, Passau          12 rcn sq    19TAC75; RecFlash: J[4]
        1955        Lt/Col David L Lewis           FI-156            3 m W of Rodach, O-1499 474 ftr gp   9TAC53; conf PER: BO625/
                                                                                                         1314
        2000        2/Lt. Leland Alsen Larson      FW-190            L-2768, 8 m NE of       15 rcn sq    19TAC74
                                                                    Radnitz
        2000        1/Lt. George R Schroeder       FW-190            L-2768, 8 m NE of       15 rcn sq    19TAC74; RecFlash: J[4]
                                                                    Radnitz
  ➤     2005        2/Lt. Kenneth L Swift          Si-204            3 m SE of Rodach,       429 ftr sq   9TAC53; PER: BO625/1316
                                                                    O-2096
    Daily Totals: 9/0/0
    Totals: 7504/681/2535
```

**Abbildung 89: Abschussmeldung eine Siebel Si-204 für den 8. Mai 1945.**

Die 474. US-Fighter-Group war am 8. Mai 1945 auf dem ehemaligen deutschen Fliegerhorst in Bad Langensalza stationiert. An diesem Tag startete eine Lockheed P-38 Lightning im Auftrag der 429. Fighter Squadron zu einem Kontrollflug über Thüringen. Ob dieser Flug in einer Geschwaderformation erfolgte oder im Einzelflug durchgeführt wurde, ist nicht bekannt. Weiterhin konnte nicht ermittelt werden, ob die P-38 Lightning nach der Entdeckung der Siebel angefordert wurde oder ob das Zusammentreffen beider Maschinen zufällig erfolgte. Auf amerikanischer Seite wurde als Ort des Luftkampfes das Gebiet drei Meilen südöstlich von Rodach angegeben. Der Zeitpunkt des Gefechtes wurde mit 20:05 Uhr festgelegt. An dieser Stelle gehen die auf deutscher Seite recherchierten Daten zu den US-Angaben nicht konform. Dazu müssen zwei Sachverhalte in die engere Betrachtung mit einbezogen werden.

1.) Rodach liegt in einer Entfernung von ca. 50 km zum Absturzort am Hinteren-Arolsberg. Die Höchstgeschwindigkeit einer Siebel kann mit 350 km/h angenommen werden. Es ist jedoch davon auszugehen, dass die bereits durch den Beschuss beschädigte Maschine, mit einer verminderten Geschwindigkeit diese Strecke zurücklegte. Werden ca. 250 km/h in die Betrachtungen mit einbezogen, dann erreichte die Maschine in ca. 12 Minuten den Absturzort. In welchem Zeitfenster der Luftkampf stattfand, konnte ebenso wenig ermittelt werden. Des Weiteren ist nach der Aussage von Sachverständigen zu beachten, dass die Abschussdaten der US-Piloten oft recht ungenau waren. Es wurde einfach der letzte navigierbare Punkt anhand der Flugkarte angenommen.

2.) Die unterschiedlichen Zeitangaben des Anschusses oder des Absturzes lassen sich nicht genau erklären. Erst am 13. Oktober 1945 wurden die offiziellen Todesmeldungen mit dem Absturzzeitpunkt 17:00 Uhr, durch Forstmeister Weineck dem Standesamt von Unterneubrunn zur Bearbeitung übergeben. Man bedenke auch die falsche Zeitangabe der Gabler Zeitzeugen, die den Vormittag des 8. Mai 1945 benannten. Da Deutschland schon damals eine Sommerzeit mit einer Zeitverschiebung von einer Stunde eingeführt hatte, lässt sich die Zeitrechnung der US-Air-Force nicht genau bestimmen.

---

[71] Olnyk, Dr. Frank J. USAAF (European Theater) Credits for the Destruction of Enemy Aircraft in Air-to-Air Combat World War 2.

Nachdem die Siebel angeschossen wurde, kam es zu einem sehr niedrigen Durchflug des Gabeltales. Der Gipfel des Hinteren-Arolsberges stellte sich dem Piloten wie ein Sperrmassiv entgegen. Dort blieb die Maschine letztendlich in den Fichten hängen, stürzte ab und brannte völlig aus. Walter Graab wurde durch die Kräfte des Absturzes mit seinem Sitz, an dem er noch angeschnallt war, aus dem Flugzeug geschleudert und überlebte schwer verletzt das Ereignis.

Ein Absturz wegen Spritmangels kann ausgeschlossen werden, da an der Absturzstelle stark verschmolzene Aluminiumklumpen aufgefunden wurden. Somit musste sich zu diesem Zeitpunkt noch genügend Treibstoff an Bord befunden haben, um ein Feuer dieses Ausmaßes ausgelöst zu haben. Erfahrene Piloten hätten mit großer Sicherheit die Tankanzeige im Blick gehabt, um eine Notlandung im flachen Gelände vorher einzuleiten. Auch die These einer missglückten Notlandung lässt sich durch die recherchierten Umstände fast ausschließen. Mindestens drei der vier Insassen waren erfahrene Piloten und hätte die ausgedehnten Felder vor den Höhenlagen des Thüringerwaldes als Notlandeplatz genutzt. Selbst die Frauenwalder oder Neustädter Flur hätte sich dazu geeignet. Auch ein Totalausfall der Triebwerke hätte keinen sofortigen Absturz zur Folge gehabt, da die Siebel für einen motorlosen Gleitflug bestens geeignet war.

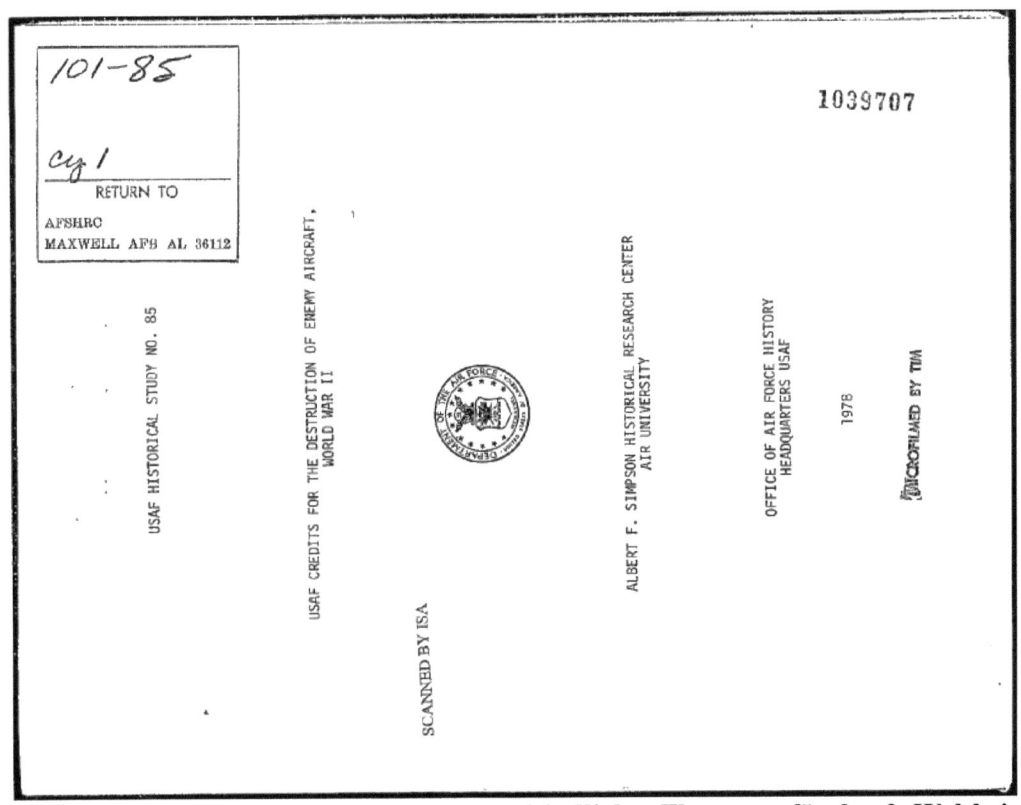

**Abbildung 90: US-Air-Force Abschussmeldungen feindlicher Flugzeuge für den 2. Weltkrieg.**

| | | | | | | | | |
|---|---|---|---|---|---|---|---|---|
| ETO | 01 | 05 | 45 | 367 | FTR | SQ | 1.00 | MANWARING RICHARD B | CPT | A000815359 |
| | 01 | 05 | 45 | 513 | FTR | SQ | 1.00 | OUALLINE ROYCE E | 1LT | A000714992 |
| ETO | 02 | 05 | 45 | 160 | RCN | SQ | 1.00 | BROWN RALPH A | 1LT | A000702757 |
| | 02 | 05 | 45 | 160 | RCN | SQ | 0.50 | BROWN RALPH A | 1LT | A000702757 |
| | 02 | 05 | 45 | 160 | RCN | SQ | 1.00 | JOHNSTON PHILIP A JR | 1LT | A000732007 |
| | 02 | 05 | 45 | 160 | RCN | SQ | 0.50 | JOHNSTON PHILIP A JR | 1LT | A000732007 |
| ETO | 03 | 05 | 45 | 388 | FTR | SQ | 1.00 | DONOHOE DONALD J | 2LT | A002066981 |
| ETO | 07 | 05 | 45 | 109 | RCN | SQ | 1.00 | FRAHM CHESTER H | 1LT | A000704375 |
| ETO | 05 | 05 | 45 | 12 | RCN | SQ | 1.00 | LITTLE ROBERT S | 2LT | A000710135 |
| | 08 | 05 | 45 | 15 | RCN | SQ | 0.50 | BINIEWSKI JULIAN | FO | T000063098 |
| | 08 | 05 | 45 | 15 | RCN | SQ | 0.50 | JEFFREY ROBERT A | 2LT | A000513167 |
| | 08 | 05 | 45 | 15 | RCN | SQ | 1.00 | LARSON LELAND A | 2LT | A000824512 |
| | 08 | 05 | 45 | 15 | RCN | SQ | 1.00 | SCHROEDER GEORGE R | 1LT | A000649271 |
| | 08 | 05 | 45 | 162 | RCN | SQ | 1.00 | NEWMAN STANLEY F | 2LT | A000825488 |
| | 08 | 05 | 45 | 162 | RCN | SQ | 1.00 | NEWMAN STANLEY F | 2LT | A000825488 |
| | 08 | 05 | 45 | 162 | TEN | SQ | 1.00 | GEIGER MANUEL N | 1LT | A000818075 |
| | 08 | 05 | 45 | 429 | FTR | SQ | 1.00 | SWIFT KENNETH L | 2LT | A000773867 |
| | 08 | 05 | 45 | 430 | FTR | SQ | 1.00 | RINN FRANK B | 1LT | A000798356 |
| | 08 | 05 | 45 | 474 | FTR | GP | 1.00 | LEWIS DAVID L | LTC | 000022446 |

THEATER TOTAL NUMBER OF CREDITS 7.420.05    THEATER TOTAL PERSONNEL COUNT 3.532    THEATER TOTAL CREDIT ENTRIES 8.047

**Abbildung 91: US-Air-Force Abschussmeldung für den 8. Mai 1945.**

**Die Siebel Si-204 D**

Die meisten Zeitzeugen benannten den Flugzeugtyp der Absturzmaschine mit einer Heinkel He-111. Diese Meinung hielt sich bis zum Jahr 1989. Verschiedene interessierte Flugzeugsachverständige machten sich nun auf die Suche nach Überresten von deutschen und alliierten Flugzeugteilen, die sich noch in den Thüringer Wäldern befanden. So wurden auch die Wrackteile vom Hinteren-Arolsberg geborgen und ausgewertet. Das Ergebnis der Untersuchungen brachte einen fast völlig unbekannten Flugzeugtyp zutage, eine Siebel Si-204 D.

Dieses Flugzeug war ein deutsches Schul-, Verbindungs- und leichtes Transportflugzeug während der Zeit des Zweiten Weltkriegs. Die Si-204 war ursprünglich als Passagierflugzeug für zwei Besatzungsmitglieder und acht Passagiere für die Deutsche Lufthansa vorgesehen. Die Entwicklung dieses Ganzmetallflugzeuges begann 1938 als Staatsauftrag bei der Firma Siebel in Halle in enger Zusammenarbeit mit der Deutschen-Lufthansa. Nach dem Kriegsbeginn wurde der Entwicklungsschwerpunkt auf ein Blindflug-Schulflugzeug mit Vollsichtkanzel gelegt. Lediglich die ersten beiden Prototypen wurden als Reiseflugzeuge mit Stufenkanzel fertiggestellt. Wegen der Auslastung der Siebel-Werke durch den Bau der Ju-88 wurden nur die 15 Prototypen in Halle fertiggestellt. Die Firma ČKD, Böhmisch-Mährische Maschinenfabrik begann mit dem Bau der Vorserie D-0 (45 Flugzeuge) im Januar 1943. Die Serie D-1 lief im März 1943 bei Aero an, bei ČKD vermutlich im Juni 1943. Ab August 1943 lieferte auch die französische Firma SNCAN, Société Nationale de Constructions Aéronautiques du Nord, die ersten Flugzeuge der Serie D-1. Es wurden insgesamt 1.216 Stücke der Si-204 inklusive der Prototypen produziert.[72]

Technische Daten einer Siebel Si-204 D:[73]

     - Spannweite: 21,28 m
     - Länge: 11,95 m
     - Höhe: 4,24 m
     - Fluggewicht: 4.800 kg
     - Höchstgeschwindigkeit: 350 km/h
     - Dienstgipfelhöhe: 7.500 m
     - normale Reichweite: 1.800 km

**Abbildung 92: Siebel Si-204 D, Dienstflugzeug von Hermann Göring.**

---

[72] Quelle: www.wikipedia.de
[73] Si-204 D-1, Flugzeug-Handbuch Ausgabe Februar 1944.

**Abbildung 93: Siebel Si-204 D.**

**Abbildung 94: Siebel Si-204 D mit Vollsichtkanzel.**

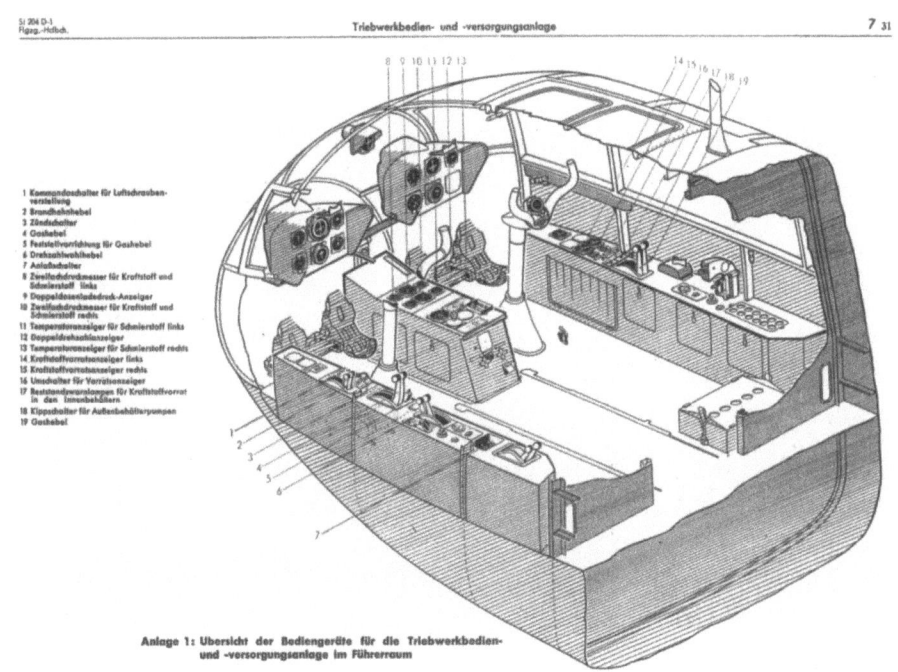

**Abbildung 95: Cockpit einer Siebel Si-204 D.**

85

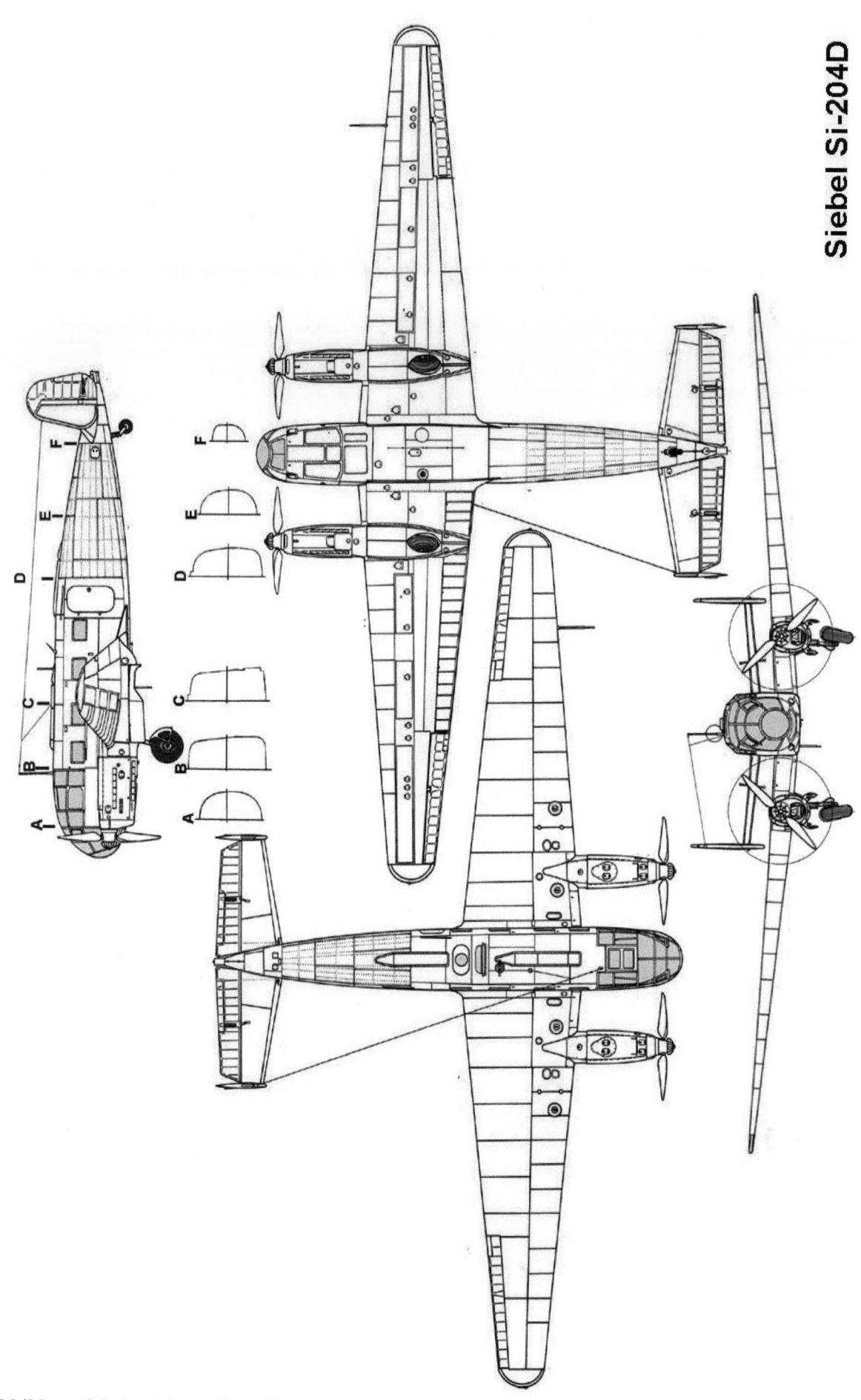

**Abbildung 96: Ansichten einer Siebel Si-204 D.**

Identifizierung der noch vorhandenen Wrackteile der Siebel Si-204

Die zur Identifizierung herangezogenen Wrackteile wurden einer genaueren Betrachtung unterzogen. Teilweise konnten nur Fotoaufnahmen mit einer minderen Qualität aufgefunden werden. Aktuell befinden sich keine Einzelteile mehr vor Ort an der Absturzstelle.

Seitenleitwerk:

**Abbildung 97: Seiten- und Höhenleitwerk an der Absturzstelle ca. 1985.**

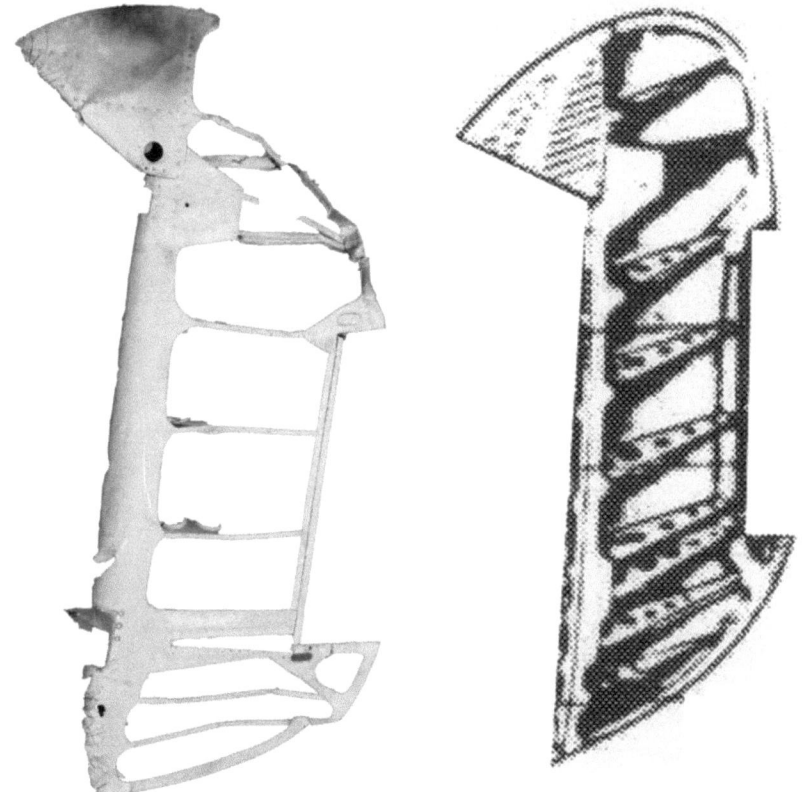

**Abbildung 98: Seitenleitwerk im aktuellen Fundzustand und als Einzelteilzeichnung.**

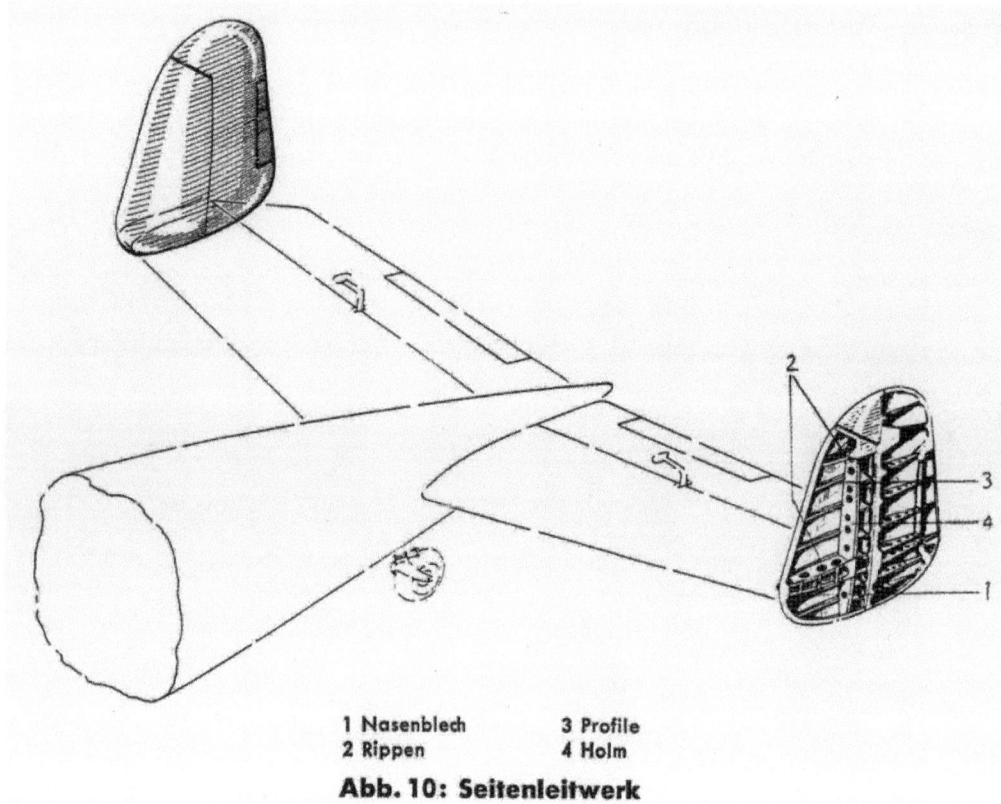

1 Nasenblech     3 Profile
2 Rippen        4 Holm

**Abb. 10: Seitenleitwerk**

**Abbildung 99: Zeichnung des Seitenleitwerks einer Si-204 D.**

Höhenleitwerk:

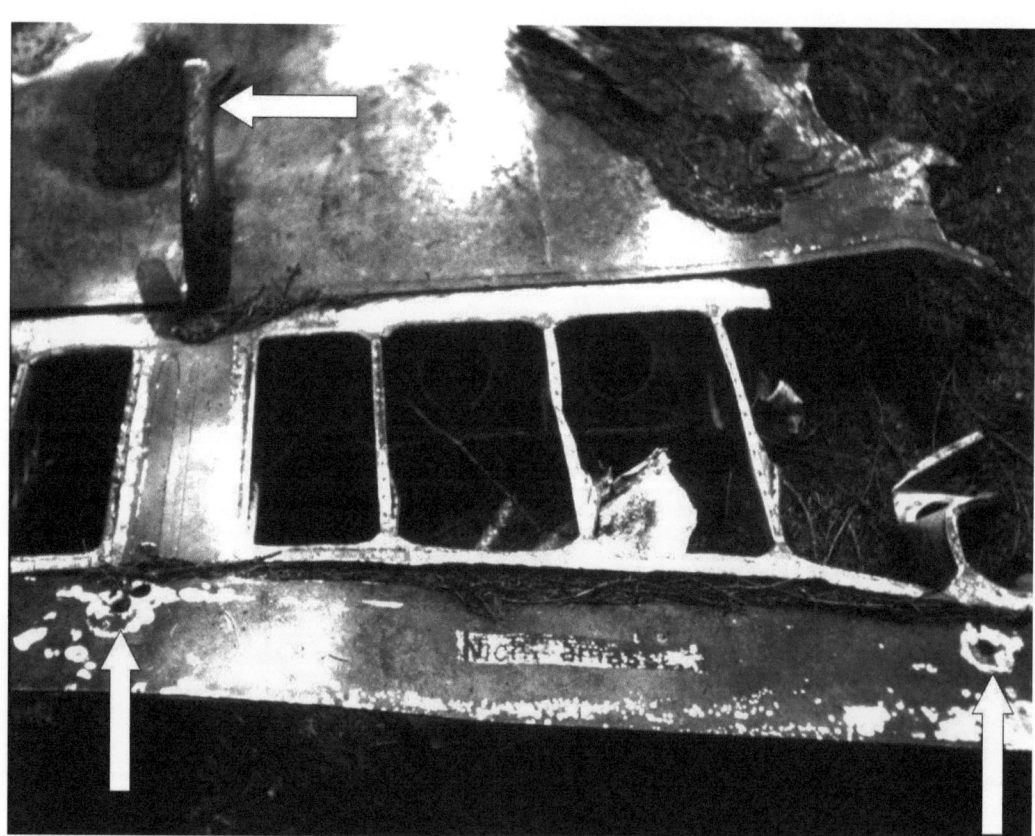

**Abbildung 100: Höhenleitwerk mit Auslegerarm für ein Ausgleichsgewicht sowie drei Einschusslöcher (siehe Pfeile).**

**Abbildung 101: Ausgleichsgewicht im aktuellen Fundzustand.**

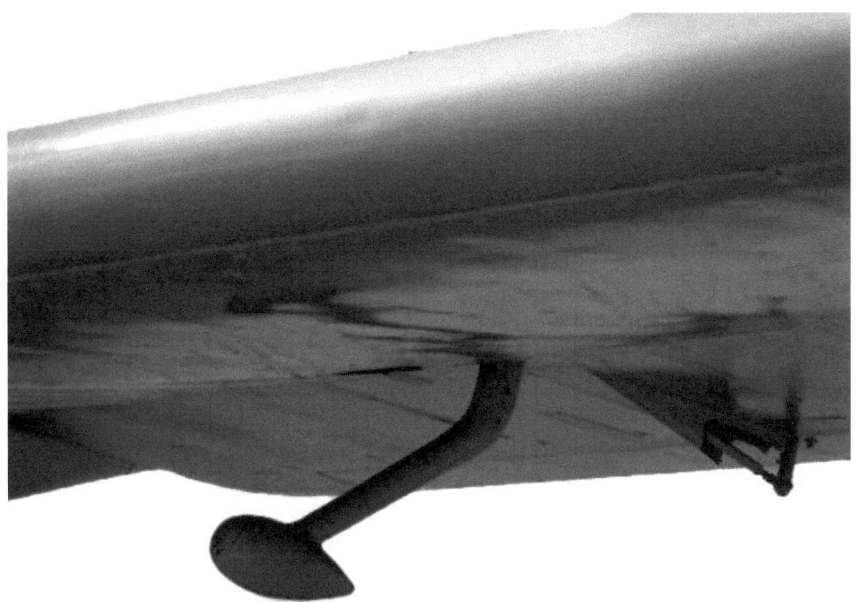

**Abbildung 102: Ausgleichsgewicht einer Siebel Si-204.**

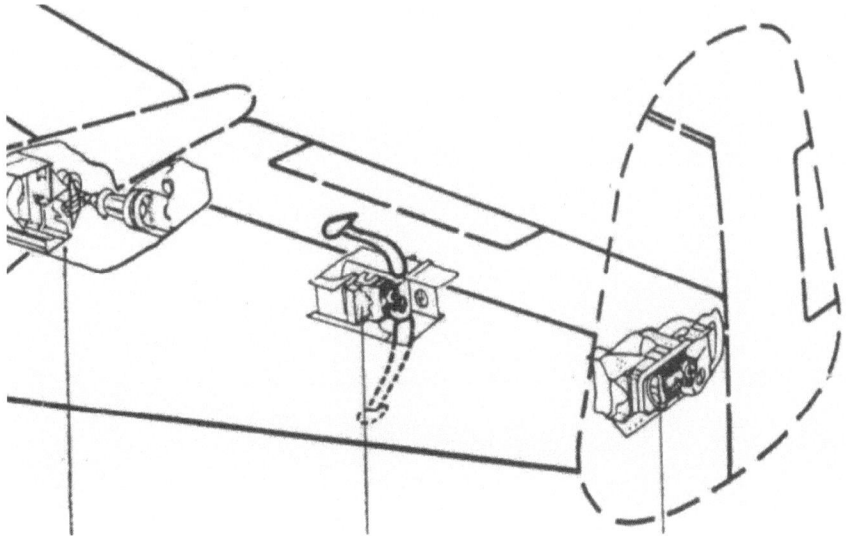

**Abbildung 103: Zeichnung eines Ausgleichsgewichtes einer Siebel Si-204.**

**Abbildung 104: Tragfläche und Tragflächenendkappe an der Absturzstelle ca. 1985.**

**Abbildung 105: Tragflächenteil der Siebel Si-204 im aktuellen Fundzustand.**

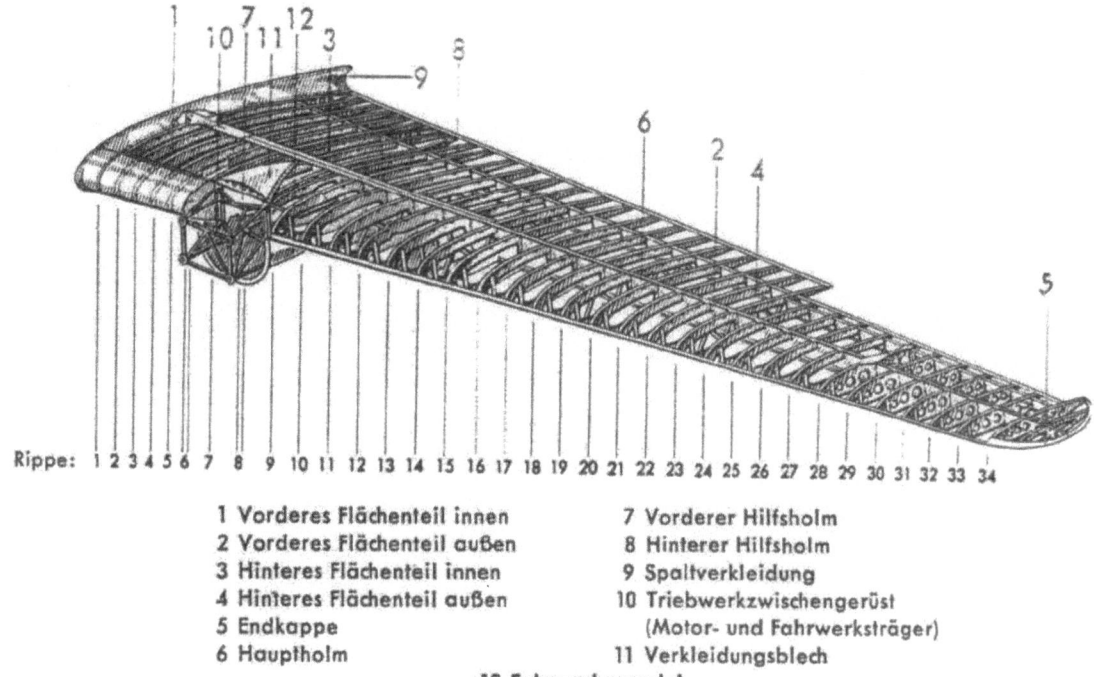

1
10
7
11
12
3
8
9
6
2
4
5
Rippe: 1 2 3 4 5 6 7 8 9 10 11 12 13 14 15 16 17 18 19 20 21 22 23 24 25 26 27 28 29 30 31 32 33 34
1 Vorderes Flächenteil innen
2 Vorderes Flächenteil außen
3 Hinteres Flächenteil innen
4 Hinteres Flächenteil außen
5 Endkappe
6 Hauptholm
7 Vorderer Hilfsholm
8 Hinterer Hilfsholm
9 Spaltverkleidung
10 Triebwerkzwischengerüst (Motor- und Fahrwerksträger)
11 Verkleidungsblech
12 Fahrwerksgondel
Abb. 1: Tragfläche, links

**Abbildung 106: Tragflächenzeichnung einer Siebel Si-204.**

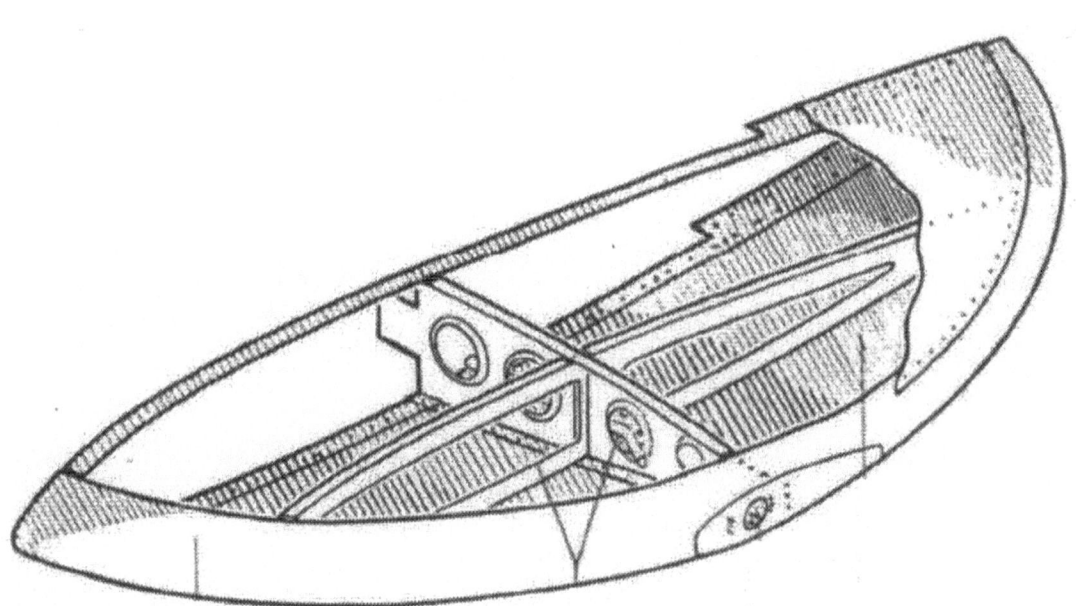

**Abbildung 107: Tragflächenendkappe einer Siebel Si-204.**

Fahrwerkverkleidungsklappe

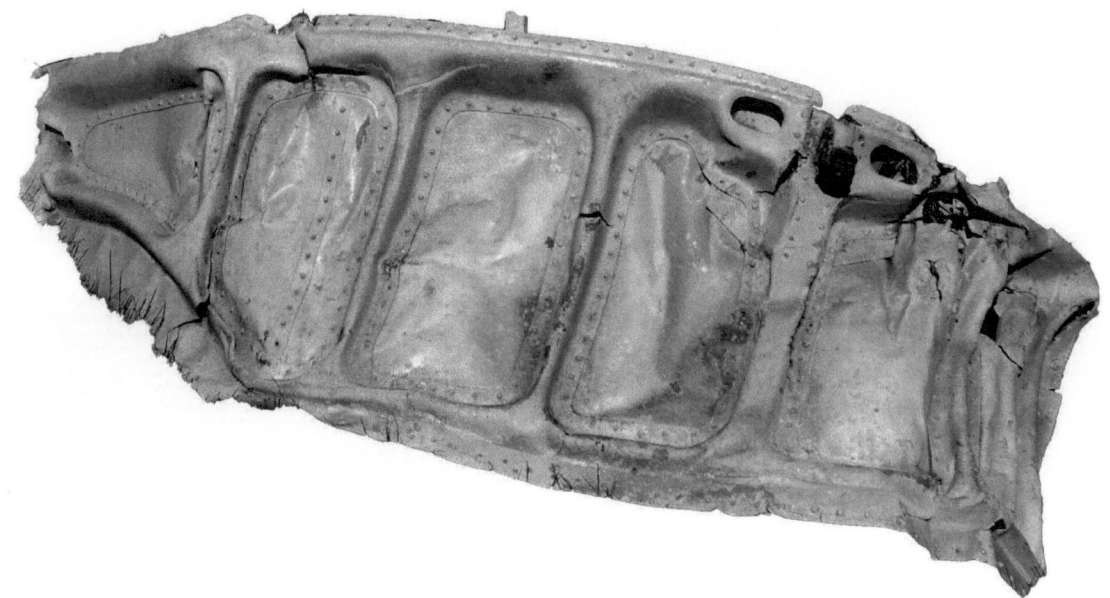

**Abbildung 108: Fahrwerkverkleidungsklappe der Siebel Si-204 im aktuellen Fundzustand.**

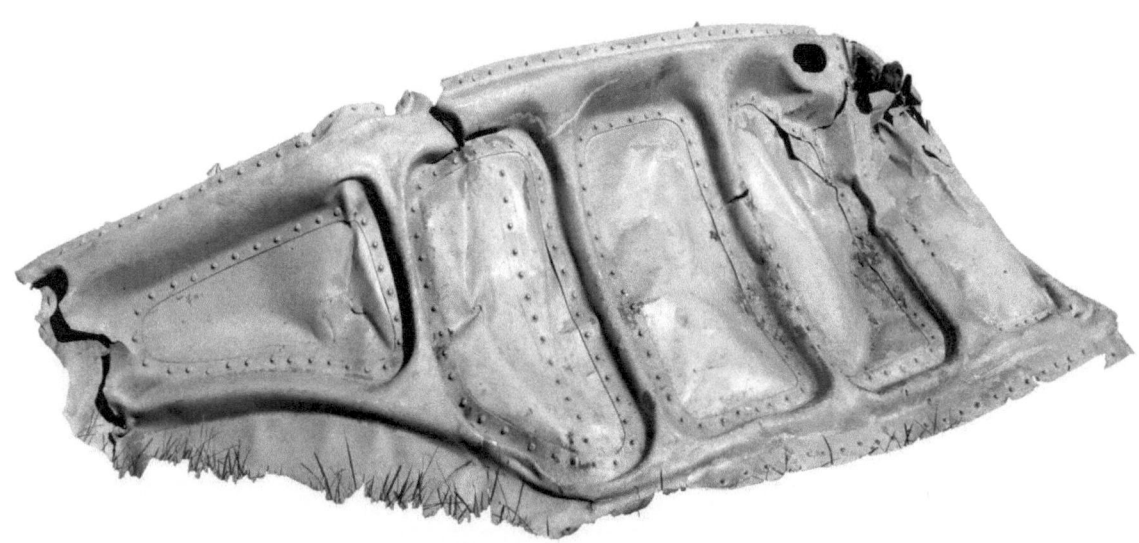

**Abbildung 109: Fahrwerkverkleidungsklappe im aktuellen Fundzustand.**

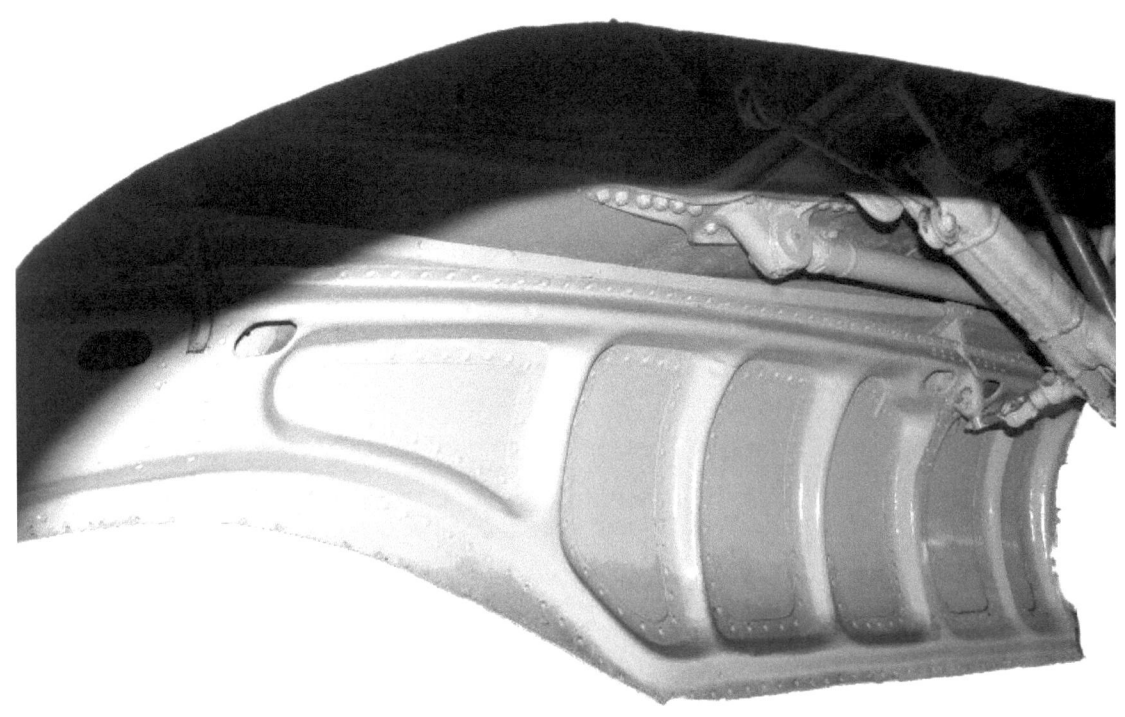

**Abbildung 110: Fahrwerkverkleidungsklappe einer Siebel Si-204**

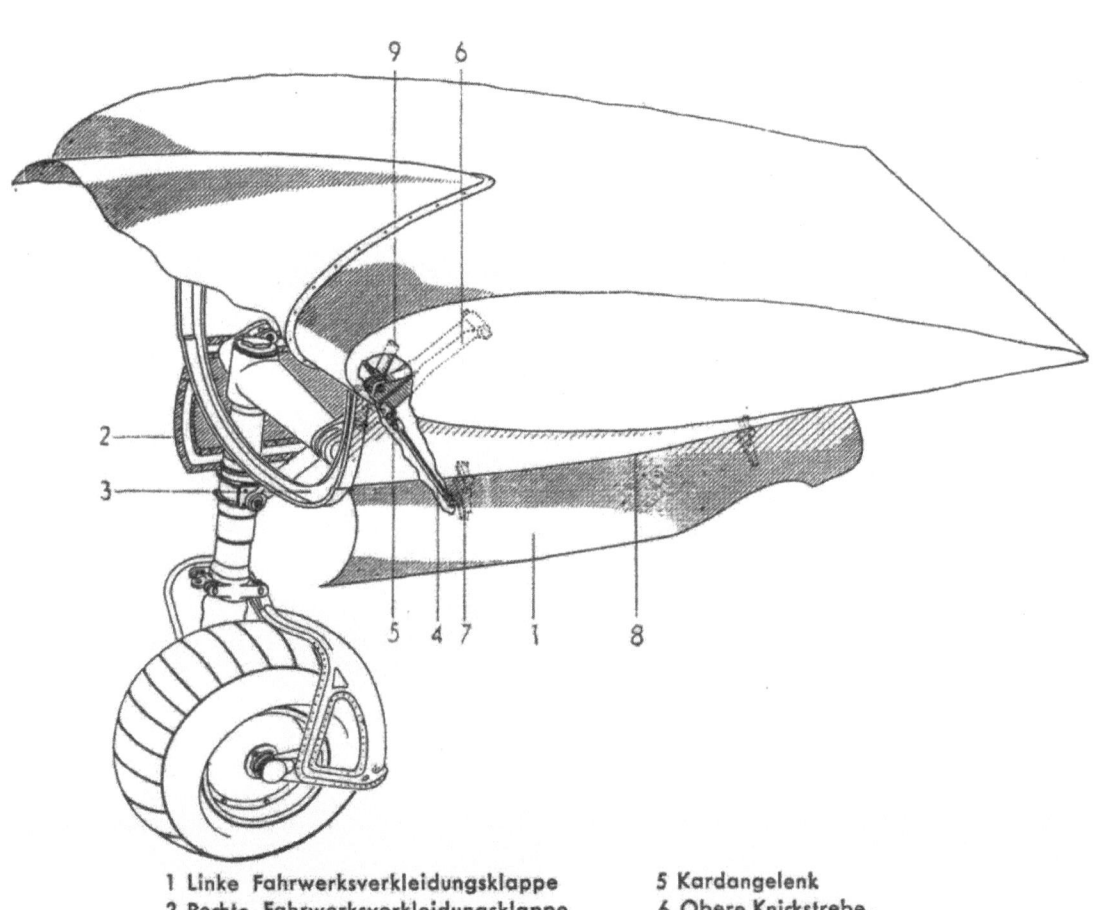

1 Linke Fahrwerksverkleidungsklappe    5 Kardangelenk
2 Rechte Fahrwerksverkleidungsklappe    6 Obere Knickstrebe
3 Verkleidungsspant    7 Gelenklager
4 Kardanstoßstange    8 Fahrwerksverkleidung
    9 Kolbenstange des Einziehzylinders

**Abbildung 111: Fahrwerk mit beiden Fahrwerkverkleidungsklappen einer Siebel Si-204**

## Quellenverzeichnis

- N. Baele, F.D. Amico, G. Valentini: Air War Italy 1944-45
- Album 359th Infantry, 90th Division, Zerreis & Co. Nürnberg
- Aussagen verschiedener Zeitzeugen
- Archiv des Autors
- Archiv Richard P. Fiedler, USA-Californien
- Archiv Jake Johns, USA-Pennsylvania
- Archiv Wolfgang Lösch, Schönbrunn
- Archiv Aaron Machado, USA-Californien
- Archiv Dr. Uwe Kühnapfel, Karlsruhe
- Archiv Klaus-Dieter Völker, Schmiedefeld
- Die amerikanische Episode, Lothar Günther, Wehry Verlag, Ausgabe 2014
- Deutsche-Diensstelle WASt Berlin
- Hellmuth Deckert, Chronik Frauenwald und Allzunah, 1957
- Luftfahrt-Archiv Hafner, Ludwigsburg
- Olnyk, Dr. Frank J. USAAF (European Theater) Credits for the Destruction of Enemy Aircraft in Air-to-Air Combat World War 2.
- General von Gersdorf. Die 7. Armee in der Endphase des Krieges, Bundesarchiv-Militärarchiv ZA 1/144
- Generalleutnant Kurt von Berg. Feldzug in Mitteldeutschland, Bundesarchiv-Militärarchiv ZA 1/146
- Ilm-Kreis-Archiv, Bestand Gemeinde Frauenwald
- Ilm-Kreis-Archiv, Bestand Gemeinde Schmiedefeld
- Kurt Mehner, 1. Januar bis 9. Mai 1945, Biblio-Verlag Osnabrück 1984
- Si-204 D-1, Flugzeug-Handbuch, Ausgabe Februar 1944
- Stadtarchiv Ilmenau
- Albert F. Simpson, USAF Credits for the destruction on enemy aircraft World War II.
- The Field Intelligence Unit's Klagenfurt Report, National Archives AIR23/3460
- The History of the 26th Yankee Division, 1941-1945, Deschamps Bros., Saalem Massachusetts
- ThStAGotha, Bestand Kreisrat Suhl
- Thunderbolt, Hal D. Steward, Washington D.C.
- US-NARA Nationalarchiv Washington, After Action Reports
- US-NARA Generalleutnant Josef Schroetter, Bericht über die Kampfhandlungen vom 1.1.45-9.4.45
- www.11tharmoreddivision.com
- www.26yd.com
- www.90thdivisionassoc.com
- www.familienanzeigen.org
- www.findagrave.com
- www.lexikon-der-wehrmacht.de
- www.luftlinie.org
- www.wikipedia.de
- XII Corps, Spearhead of Patton´s Third Army, Lt. Col. George Dyer

**Abbildungsverzeichnis**

Dieses Buch stellt eine Geschichtsaufarbeitung zum vergessenen Gustloff-Rennsteigwerk dar. 1937-38 wurde diese Fabrikanlage in der Nähe von Schmiedefeld am Rennsteig errichtet. Bis 1945 wurden dort Maschinengewehr-Läufe für die Deutsche Wehrmacht gefertigt. Mit dem Kriegsende 1945 endete die Fertigung von Rüstungsgütern. Darauf folgte die Demontage und Sprengung, des zur damaligen Zeit hoch technisierten Betriebes. Durch den strikten Geheimhaltungsgrad zur Produktion des Rennsteigwerkes, ranken sich noch heute Mythen um die vergessene und teilweise auch totgeschwiegene Fabrikanlage.

Im Jahr 2005 erwachte in mir die Neugier über die geschichtlichen Hintergründe zum Gustloff-Rennsteigwerk. In der Folgezeit wurden anhand von gesicherten Quellen eine Vielzahl von Informationen und relevanten Materialien gesammelt. 2010 reifte der Entschluss zur Veröffentlichung dieser umfassenden Publikation in Buchform. Die in den Nachforschungen ermittelten und frei von politischen Motivationen erstellten Details, erlauben eine übersichtlich gegliederte Zusammenfassung der Fakten und aufgefundenen Illustrationen.

Das hier vorgestellte Buch kann mit dem Suchbegriff "Gustloff-Rennsteigwerk" über www.amazon.de, www.bod.de, www.ebay.de sowie über den örtlichen Buchhandel bezogen werden.

96